西方心理学大师经典译丛
主编 郭本禹

性学三论与爱情心理学

Three Essays on the Theory of Sexuality and The Psychology of Love

[奥] 西格蒙德·弗洛伊德 著
Sigmund Freud

孙 楠 译
高申春 审校

中国人民大学出版社
·北京·

总译序

感悟大师无穷魅力　品味经典隽永意蕴

美国心理学家查普林与克拉威克在其名著《心理学的体系和理论》中开宗明义地写道："科学的历史是男女科学家及其思想、贡献的故事和留给后世的记录。"这句话明确地指出了推动科学发展的两大动力源头：大师与经典。

一

何谓"大师"？大师乃是"有巨大成就而为人所宗仰的学者"①。大师能够担当大师范、大导师的角色，大师总是导时代之潮流、开风气之先河、奠学科之始基、创一派之学说，大师必须具有伟大的创造、伟大的主张、伟大的思想乃至伟大的情怀。同时，作为卓越的大家，他们的成就和命运通常都与其时代相互激荡。

作为心理学大师还须具备两个特质。首先，心理学大师是"心理世界"的立法者。心理学大师之所以成为大师，在于他们对心理现象背后规律的系统思考与科学论证。诚然，人类是理性的存在，是具有思维能力的高等动物，千百年来无论是习以为常的

---

① 辞海．缩印本．上海：上海辞书出版社，2002：275.

简单生理心理现象，还是诡谲多变的复杂社会心理现象，都会引发一般大众的思考。但心理学大师与一般人不同，他们的思考关涉到心理现象背后深层次的、普遍性的与高度抽象的规律。这些思考成果或试图揭示出寓于自然与社会情境中的心理现象的本质内涵与发生方式；或企图诠释某一心理现象对人类自身发展与未来命运的意义和影响；抑或旨在剥离出心理现象背后的特殊运作机制，并将其有意识地推广应用到日常生活的方方面面。他们把普通人对心理现象的认识与反思进行提炼和升华，形成高度凝练且具有内在逻辑联系的思想体系。因此，他们的真知灼见和理论观点，不仅深深地影响了心理科学发展的命运，而且更是影响到人类对自身的认识。当然，心理学大师的思考又是具有独特性与创造性的。大师在面对各种复杂心理现象时，他们的脑海里肯定存在“某种东西”。他们显然不能在心智“白板”状态下去观察或发现心理现象背后蕴藏的规律。我们不得不承认，所谓的心理学规律其实就是心理学大师作为观察主体而“建构”的结果。比如，对于同一种心理现象，心理学大师们往往会做出不同的甚至截然相反的解释与论证。这绝不是纯粹认识论与方法论的分歧，而是对心灵本体论的承诺与信仰的不同，是他们所理解的心理世界本质的不同。我们在此借用康德的名言“人的理性为自然立法”，同样，心理学大师是用理性为心理世界立法。

其次，心理学大师是“在世之在”的思想家。在许多人看来，心理学大师可能是冷傲、孤僻、神秘、不合流俗、远离尘世的代名词，他们仿佛背负着真理的十字架，与现实格格不入，不食人间烟火。的确，大师们志趣不俗，能够在一定程度上超脱日常柴米油盐的束缚，远离俗世功名利禄的诱惑，在以宏伟博大的人文情怀与永不枯竭的精神力量投身于实现古希腊德尔菲神庙上“认识你自己”之伟大箴言的同时，也凸显出其不拘一格的真性情、真风骨与真人格。大凡心理学大师，其身心往往有过独特的经历和感受，使之处于一种特别的精神状态之中，由此而产生的灵感和顿悟，往往成为其心理学理论与实践的源头活水。然而，心理学大师毕竟不是超人，也不是神人。他们无不成长于特定历史的社会与文化背景之下，生活在人群之中，并感受着平常人的喜怒哀乐，体验着人间的世态炎凉。他们中的大多数人或许就像牛顿描绘的那般：“我不知道世上的人对我怎样评价。我却这样认为：我好像是在海上玩耍，时而发现了一个光滑的石子儿，时而发现一个美丽的贝壳而为之高兴的孩子。尽管如此，那真理的海洋还神秘地展现在我们面前。”因此，心理学大师虽然是一群在日常生活中特立独行的思想家，但套用哲学家海德格尔的话，他们依旧都是“活生生”的“在世之在”。

二

那么，又何谓“经典”呢？经典乃指古今中外各个知识领域中“最重要的、有指导作用的权威著作”[①]。经典是具有原创性和典范性的经久不衰的传世之作，是经过历史筛选出来的最有价值性、最具代表性和最富完美性的作品。经典通常经历了时间的考验，超越了时代的界限，具有永恒的魅力，其价值历久而弥新。对经典

① 辞海．缩印本．上海：上海辞书出版社，2002：852.

的传承，是一个民族、一种文化、一门学科长盛不衰、继往开来之根本，是其推陈出新、开拓创新之源头。只有在经典的引领下，一个民族、一种文化、一门学科才能焕发出无限活力，不断发展壮大。

心理学经典在学术性与思想性上还应具有如下三个特征。首先，从本体特征上看，心理学经典是原创性文本与独特性阐释的结合。经典通过个人独特的世界观和不可重复的创造，凸显出深厚的文化积淀和理论内涵，提出一些心理与行为的根本性问题。它们与特定历史时期鲜活的时代感以及当下意识交融在一起，富有原创性和持久的震撼力，从而形成重要的思想文化传统。同时，心理学经典是心理学大师与他们所阐释的文本之间互动的产物。其次，从存在形态上看，心理学经典具有开放性、超越性和多元性的特征。经典作为心理学大师的精神个体和学术原创世界的结晶，诉诸心理学大师主体性的发挥，是公众话语与个人言说、理性与感性、意识与无意识相结合的产物。最后，从价值定位上看，心理学经典一定是某个心理学流派、分支学科或研究取向的象征符号。诸如冯特之于实验心理学，布伦塔诺之于意动心理学，弗洛伊德之于精神分析，杜威之于机能主义，华生之于行为主义，苛勒之于格式塔心理学，马斯洛之于人本主义，桑代克之于教育心理学，乔姆斯基之于语言心理学，奥尔波特之于人格心理学，吉布森之于生态心理学，等等，他们的经典作品都远远超越了其个人意义，上升成为一个学派、分支或取向，甚至是整个心理科学的共同经典。

三

这套“西方心理学大师经典译丛”遵循如下选书原则：第一，

选择每位心理学大师的原创之作；第二，选择每位心理学大师的奠基、成熟或最具代表性之作；第三，选择在心理学史上产生过重要影响的一派、一说、一家之作；第四，兼顾选择心理学大师的理论研究和应用研究之作。我们策划这套“西方心理学大师经典译丛”，旨在推动学科自身发展和促进个人成长。

1879年，冯特在德国莱比锡大学创立了世界上第一个心理学实验室，标志着心理学成为一门独立的学科。在此后的130多年中，心理学得到迅速发展和广泛传播。我国心理学从西方移植而来，这种移植过程延续已达百年之久①，至今仍未结束。尽管我国心理学近年取得了长足发展，但一个不争的事实是，我国心理学在总体上还是西方取向的，尚未取得突破性的创新成果，还不能解决社会发展中遇到的重大问题，还未形成系统化的中国本土心理学体系。我国心理学在这个方面远没有赶上苏联心理学，苏联心理学家曾创建了不同于西方国家的心理学体系，至今仍有一定的影响。我国心理学的发展究竟何去何从？如何结合中国文化推进心理学本土化的进程？又该如何进行具体研究？当然，这些问题的解决绝非一朝一夕能够做到。但我们可以重读西方心理学大师们的经典作品，以强化我国心理学研究的理论自觉。“他山之石，可以攻玉。”大师们的经典作品都是对一个时代学科成果的系统总结，是创立思想学派或提出理论学说的扛鼎之作，我们可以从中汲取大师们的学术智慧和创新精神，做到冯友兰先生所说的，在“照着讲”的基础上“接着讲”。

① 在20世纪五六十年代，我国心理学曾一度移植苏联心理学。

心理学是研究人自身的科学，可以提供帮助人们合理调节身心的科学知识。在日常生活中，即使最坚强的人也会遇到难以解决的心理问题。用存在主义的话来说，我们每个人都存在本体论焦虑。“我是谁，我从哪里来，我将向何处去?”这一哈姆雷特式的命题无时无刻不在困扰着人们。特别是在社会飞速发展的今天，生活节奏日益加快，新的人生观与价值观不断涌现，各种压力和冲突持续而严重地撞击着人们脆弱的心灵，人们比以往任何时候都更迫切地需要心理学知识。可幸的是，心理学大师们在其经典著作中直接或间接地给出了对这些生存困境的回答。古人云：“读万卷书，行万里路。”通过对话大师与解读经典，我们可以参悟大师们的人生智慧，激扬自己的思绪，逐步找寻到自我的人生价值。这套“西方心理学大师经典译丛”可以让我们获得两方面的心理成长：一是调适性成长，即学会如何正确看待周围世界，悦纳自己，化解情绪冲突，减轻沉重的心理负荷，实现内心世界的和谐；二是发展性成长，即能够客观认识自己的能力和特长，确立明确的生活目标，发挥主动性和创造性，快乐而有效地学习、工作和生活。

我们相信，通过阅读大师经典，广大读者能够与心理学大师进行亲密接触和直接对话，体验大师的心路历程，领会大师的创新精神，与大师的成长并肩同行！

郭本禹

2013年7月30日

于南京师范大学

目 录

上　篇

性学三论

英文版编者序

毋庸置疑，《性学三论》，同《释梦》一样，是弗洛伊德对人类知识最重要和最富创见性的贡献。或许除《释梦》以外，作者对《性学三论》所投注的心血远胜于其他著作，以至在 20 年间弗洛伊德对每一版都做了进一步的修订和完善。[①] 因此，仅凭最初问世的第一版，我们很难对它的影响做出准确评价。本版无论与以往的德文版还是英文版相比，均有较大差异。尽管它译自 1925 年的德文版，即弗洛伊德生前最后一版，但内容已与第一版迥然不同。凡在之后版本中删减或做出重大修改之处，均以脚注的形式将删除的篇章或原文予以呈现，这也使读者能够更清晰地把握原版的基本思想。

读者可能会惊奇地发现，有关儿童性理论与力比多前性器组织结构（均在第二章）的全部内容，直到 1915 年，即初版发行 10 年后才被囊括其中，且力比多理论也在同一年被增补入第三章。

① ［弗洛伊德在论文《论生殖器崇拜期》（1923e）中，对这一情况以及它的非连续性做出了详细的解释。］本书脚注中方括号内文字均为英文版编者所加，以下不再一一注明。——译者注

由于生物化学的进展，作者修改了性的化学基础部分，这虽不足为奇，但令人称道的是原版中的这一章节（在此以脚注形式呈现）展现了弗洛伊德超凡的远见，其观点几乎未发生变化。

无论本书在问世后被增补了多少内容，其核心思想早在1905年甚至更早就已确立。《弗里斯通信集》（1950a）的出版使我们有幸了解了作者研究这一问题的来龙去脉。此处将事略发展加以概述，详解则需见后文。在焦虑性神经症、神经衰弱以及此后的精神神经症的致病原因的临床观察中发现了性因素的重要作用，这一发现率先将弗洛伊德引入对性问题的一般性研究。1890年代早期，弗洛伊德最初借助生理学和化学手段开展研究，例如，在论述焦虑性神经症的第一篇论文（1895b）第三部分中，他提出了性兴奋及其释放过程的神经生理学假设；几乎与此同时，在他写给弗里斯的信的原件G中，弗洛伊德用图表对这一假设进行了精彩说明，且这一想法早在一年前就已提出（见原件D)。弗洛伊德对性的化学基础的观点至少可追溯到这一时间（时间大约是1894年春，见原件D)。弗洛伊德曾多次提到他的这一观点主要受到弗里斯建议的启发，包括1895年夏他写的著名的伊尔玛（Irma）注射之梦（见《释梦》第二章）。同样令弗洛伊德深受启发的还有弗里斯对性错乱的家族问题提供的线索，他在1896年12月6日的信中曾提及这一点，尽管二人最终在这一因素的操作问题上没有达成共识，但弗洛伊德仍将其视为决定性因素。在1896年底的这封信中，弗洛伊德还初次提到了快感区（erotogenic zones）（童年时期易对刺激产生反应但之后受到了压抑）这个概念及其与性倒错的联系。此外，自1896年开始（1896年1月1日，原件K），从对压抑力量、厌恶、羞耻和道德的讨论中我们发现弗洛伊德更加侧重于运用心理学手段开展研究。

1896年，弗洛伊德性理论的一些观点已经形成，但其核心原理未有定论。从一开始，认为歇斯底里症的致病原因应追溯至童年时期的观点就受到质疑，这一事实在1893年布洛伊尔与弗洛伊德的《绪言》开篇中被提及。1895年，弗洛伊德对歇斯底里症基于童年期性诱惑的精神创伤之上的观点进行了充分说明（见《科学心理学设计》第二部分，以给弗里斯的信的附录形式印行）。1897年之前，童年期性活动仅被看作一种潜在因素，只有受到成年人的侵犯时才会以破坏性的结果显现出来，但确实存在某些例外，如弗洛伊德在对歇斯底里症与强迫性神经症致病原因的对比中发现：前者源于童年期被动性经验，而后者则与主动性经验有关。但在正式做出这一区分的《再论防御性神经精神病》一书中，弗洛伊德又明确地讲道，强迫性神经症的根本原因是主动性经验必以被动性经验为先导。因此，归根结底，童年时期的性活动还是受到外部干扰的结果。直到1897年夏，弗洛伊德才不得不放弃他的诱惑理论，在9月21日写给弗里斯的信中提及此事（见信69）。[1] 与此同时，弗洛伊德在自我分析中还发现了俄狄浦斯情结

① ［他放弃了对诱惑理论的研究这一事实首次公布在该文的脚注及一个篇幅较短的章节中。而此后不久，他又在《论性欲在神经症病因中的作用》系列文章的第二篇（1906a）中更加详尽地说明了这一点。在《精神分析运动史》（1914d）及《自传研究》（1925d）中他也论述了自己对这件事的反思。］

(Oedipus Complex)（见10月3日和15日的信70、71），这一发现必然导致得出这一结论，即儿童早期的性冲动通常不需要任何外部刺激。至此，弗洛伊德的性理论才告形成。

然而，弗洛伊德历经多年才充分证实了自己的这一发现，如在《论性欲在神经症病因中的作用》系列文章的第一篇（1898a）中，他的观点就摇摆不定。一方面，他认为儿童“具备全部心理性功能和多种肉体性功能”，因此不能说他们的性生活仅始于青春期；但另一方面，他又声称“人类的器官组织及其进化会极力避免童年期明显的性活动”，因而，人类的性动机能量会一直保存到青春期才得以释放，这也是童年期性经验必然会致病的原因。他还认为，由于这期间肉体和心理性器官都得到了发展，因而在成熟期后这种经验便会产生重要的“后续效果”。然而，令人奇怪的是，在《释梦》第一版第三章结尾处（标准版，第4卷，p.130），弗洛伊德评论道：“我们完全赞同儿童期的快乐源自他们对性欲的一无所知”（1911年版对这一段增补了更正性脚注）。毫无疑问，这应是本书早期原稿中的遗留观念，而在其他文章中，他又明确证实了正常儿童中性欲望的存在。显然，到他对“杜拉”（Dora）病史进行分析之时（1901年初），弗洛伊德性理论的主要思想已基本确立。

尽管如此，他并不急于将这一发现公之于世。1899年10月11日（见信121），正当《释梦》即将问世之际，他在给弗里斯的信中写道：“或许在《释梦》后将立即动笔性理论一书。”3个月后，在1900年1月26日的信中（见信128），他又写道：“我正在为性理论一书收集材料，可以说万事俱备，只待‘东风’了。”而这一

“东风”却令人等了5年之久，其间弗洛伊德除在1901年秋季之前发表了短文《论梦》和《日常生活心理病理学》外，再无其他重要作品问世。

然而，到了1905年，他突然出版了三部重要著作：《诙谐及其与潜意识的关系》《性学三论》和他对“杜拉”的病例分析，可以肯定的是“杜拉”一文的大部分内容早在多年前就已完成，但实际的出版顺序却不甚明了。“杜拉”一文中的一个脚注已对《性学三论》加以引用，并称其“出版于这一年”，同样，《性学三论》（第一版）的脚注中称《诙谐及其与潜意识的关系》“问世于1905年”，而《诙谐及其与潜意识的关系》第三章第二部分的脚注中又称《性学三论》是“同时问世”的。因此我们可以暂且假定，三部著作的出版顺序以本段开篇所说为准。

在德文版本中，只有第一论的各章节编有序号，而事实上第一论中编有序号的章节在1924年之前也仅占半数。为方便查阅，我们将第二论和第三论也加上了序号。

第四版序

目前战火已经平息，而令人感到欣慰的是，人们对精神分析的热情并未受其影响。然而，这一理论的不同分支发展历程各不相同。精神分析的纯心理学问题和在潜意识、压抑、作为病因的冲突、病愈后发展及病症形成机制等问题上的发现，获得了越来越多的认可，甚至引发了反对派的关注。但本书中的生物学前沿理论和基础理论却始终饱受争议，甚至令某些曾一度对精神分析极其感兴趣的人也摒弃了性因素在正常和病态心理生活中起重要作用的看法，并转而寻求某些旨在对性因素的作用加以限制的观点。

但我绝不认为精神分析理论的这一部分相较于其他部分更脱离现实，因揭露现实乃精神分析之责任。我对材料的不断的反复检验和回忆使我确信这一理论同样建立在审慎客观的观察之上。此外，我们也不难理解为何某些人不能接受我的观点。首先，要证实本书中所描述的人类性生活之始，只能通过有耐心且有专业技术的研究者追溯并分析病人童年的早期生活，而医学治疗要求疾病应被迅速治愈（至少在表面上），因此这样做几乎是不可能的。只有采用精神分析手段的医生才有办法实现这一目的或做出不受个人喜好与偏见影响的判断。如果人类仅通过对儿童的直接观察就能学到这些，那我也就没有必要写这部书了。

然而我们必须铭记，本书所包含的部分内容，如坚持性活动在人类所有成就中扮演重要角色及扩充性活动概念的意图，从最初就成为反对精神分析的强有力的动机。人们给精神分析贴上“泛性论”的标签，无端指责精神分析凡事必说“性”，但这实在是有些夸大其词。如果我们忘记了情绪因素会令人困惑和健忘，那我们当对此感到惊诧不已。哲学家叔本华（A. Schopenhauer）也曾表明人类活动在某种程度上取决于性冲动（就该词的一般意义而言）。全世界的读者绝不可能忘记这一惊世骇俗之作。而那些自视清高蔑视精神分析的人也不应忘记，在对儿童和性倒错者进行分析后而扩充的性概念与先哲柏拉图的“爱欲”（eros）又是何等相似。

1920 年 5 月于维也纳

第三版序

最近十余年来我始终关注本书所产生的影响和读者的接受程度，借第三版发行之际，我愿做一序以打消读者的某些误解和不切实际的期望。首先要强调的是，下文中所阐述的观点完全建立在日常医学观察之上，而精神分析的研究成果又增加了医学观察的深度和科学性。《性学三论》建构于精神分析的基础之上，此外再无其他内容。因此，我们无法将其发展为一种无所不包的全面的"性理论"，性生活中的许多重要问题此书并未涉猎，实属合情合理。但读者切不可推断作者对未提及的问题一无所知或认为其无关紧要。

事实上，本书不仅在选题上，而且在内容安排上都以精神分析的观察为基础。全书的各个因素也按其重要程度来排序：与素质（disposition）因素相比，偶然因素更为重要；与种族（phylogenesis）特征相比，个体特征（ontogenesis）更受重视。这是因为，偶然因素在分析中占主导地位，分析受到的几乎所有影响都是偶然因素造成的。素质因素的重要性次之，它只有通过经验才可以被观察到，精神分析无法对其进行全面考察。

个体特征与种族特征的关系也是如此，只要种族特征没有受到近期经验的影响，个体特征就可被视为种族特征的重现。我们可以这样理解，即种族特征在个体发展的后台运行。但个体特征归根结底还是物种早期经验的沉淀再叠加上个体的近期经验，即偶然因素的总和。

然而，我必须强调的是，本书的独特之处不仅在于其完全建立在精神分析的研究之上，还在于其极力避免受到生物学发现的影响。本研究旨在通过精神分析的手段探查人类性功能，因此在研究中我会尽量避免引入任何先入之见，无论其源自普通性生物学还是对某个物种的专门研究。的确，我的主要目的在于发现心理学研究能在多大程度上为人类性生活的生物学原理提供线索。诚然，我应该指出本研究与生物学的交叉点和一致之处，但如果基于精神分析的方法和基于生物学的思考所产生的重要观点与发现大相径庭，我也无须转变我的研究方向。

我为本书第三版增加了大量的新鲜素材，但没有像前一版那样特殊注明。目前，我们的科学研究进展缓慢，但为了跟上精神分析文献的发展速度，我们还是有必要为本版增添一定数量的新内容。①

1914 年 10 月于维也纳

① ［这一脚注仅在 1915 年出现过。］1910 年，即在第二版出版之后，由布里尔（A. A. Brill）翻译的英文版在纽约出版。1911 年，由奥西波（N. Ossipow）翻译的俄文版在莫斯科出版。［在弗洛伊德生前，也有匈牙利文（1915）、意大利文（1921）、西班牙文（1922）、法文（1923）、波兰文（1924）、捷克文（1926）及日文（1931）版出版。］

第二版序*

作者并不避讳承认本书尚存不足及令人感到费解之处，但他却拒绝将最近五年的研究成果添加进来，原因是这样将会破坏本书的整体性和文献特征。因此，再版时他只做了些许修改，并追加了几个脚注，新增脚注被加以星号以示区分①。此外，他强烈盼望此书可早日成为一部古董，这样一来曾经新颖的观点就可以被人们普遍接受，其不足之处也会被更好的所取代。

1909 年 12 月于维也纳

* [1920 年之后的版本不再有此序言。]

① [在此后的各版本中便不再作此区分。]

第一章

性变态*

生物学将人类和动物身上真实存在的性需求称为“性本能”（sexual instinct），并将其比喻为由饥饿感而引发的食欲。但由于日常用语中找不到与生理上的“饥饿”相对应的词，故科学上我们采用“力比多”来指代类似的性饥渴。①

公众对性本能的本质和特征抱有某种偏见。人们通常认为，童年期是不存在性本能的，随着人的不断成熟它在青春期才会出现，表现为男女两性对彼此形成无法抗拒的吸引力，其目的是实现两性交合，或做出为实现这一目的的过渡行为。但我们已有充分证据表明，这些观点与真实情况并不相符。只要稍加推敲我们便可发现其中的谬误、草率和武断之处。

---

* 本章中所引述的内容来自克拉夫特-埃宾（Krafft-Ebing）、莫尔（Moll）、莫比斯（Moebius）、霭理士（Ellis）、施伦克-诺津（Schrenck-Notzing）、劳温菲尔德（Loewenfeld）、尤伦伯格（Eulenburg）、布洛赫（Bloch）、赫希菲尔德（Hirschfeld）等人的著作，尤其是赫希菲尔德所著的《性过渡阶段年鉴》（Jahrbuch für Sexuelle Zwischenstufen）。由于本章中还引述了上述作者的其他相关文献，因而我在此就不对其观点出处逐一注明了。文中对性倒错者的精神分析研究所得出的结论，出自萨得格尔及我本人的观察。

① 德语中唯一合适的词是“lust”，不幸的是这个词义既指欲望也指满足，容易产生歧义，不像英语单词“lust”，要么指欲望，要么指快乐。[1910年增注]

此处我有必要引入两个概念。让我们将那些具有性吸引力的人称为“性对象”（sexual object）；将性本能所要达成的行为称为“性目的”（sexual aim）。科学观察发现，性对象和性目的两方面均存在众多偏离常态的现象，这种变态与人们所认为的常态之间的关系正是我们亟待解决的问题。

一、性对象的变异

有关性本能的流行观点就像一部完美的充满诗意的童话，认为最初的人被一分为二，由此出现了男人和女人，此后两者便通过爱情不断寻求再次结合。[①] 因此当我们得知某些男性的性对象为男性而非女性，或某些女性的性对象为女性而非男性时便会颇感惊讶。我们认为这类人具有“矛盾性情感”（contrary sexual feelings），或更确切地称他们为“性倒错者”，这种现象则被称为“性倒错”（inversion）。尽管我们很难搞清楚这类人群的具体数量，但可以肯定，这是一个庞大的群体。[②]

（一）性倒错

性倒错的行为表现

性倒错者在诸多方面表现出截然不同的行为方式。

完全性倒错者。[③] 他们的性对象只能是他们的同性群体，他们不

---

① 毫无疑问，这出自柏拉图对话录中阿里斯托芬所陈述的理论。弗洛伊德在《超越快乐原则》（1920g）第六章的结尾处再次提到过这个问题。

② 要对这类人的人数进行统计非常困难，可参见赫希菲尔德的著作（1904）。

③ 一个人对性倒错冲动的反抗强度，或许取决于其受暗示和精神分析的影响程度。

但不会对异性产生兴趣，甚至还会对他们感到性厌倦。对于男性来说，这种性厌倦会使他们无法完成性行为，或无法体会其中的愉悦。

两栖性倒错者。他们在性心理上雌雄同体，即他们的性对象既可以是同性也可以是异性。此种性倒错者不具有排他性的特点。

偶然性倒错者。这类人在某种特定的外部条件下，如无法得到正常的性对象或主要出于模仿，便将同性当成自己的性对象并在与他们的性行为中获得满足。

同样，性倒错者对各自怪异的性本能也持有不同的看法。有些人能够接纳自己的性倒错，就像正常人能够接受自己的性欲一样，因此他们强烈要求性倒错应与正常的性本能一样受到公平对待；另一些人则抵触自己的性倒错，将其视为一种病态的强迫症行为。

性倒错出现的时间在人与人之间也存在较大差异。有些人打记事起就具有性倒错特征，有的人则出现于青春期前后。① 有的人终生伴有性倒错，但也可能会暂时消失，或成为正常性发展的一个组成阶段。它甚至还可能在一个长期具有正常性行为的人身上出现。通过观察还可发现有些人在正常的和倒错的性对象间周期性地摇摆，更有趣的是，这些案例中的有些人是在与正常性对象经历了痛苦的情感体验后才转向倒错性对象的。

---

① 众多学者都坚持认为，性倒错者在自述中所描述的性倒错倾向出现的时间是不可靠的，因为他们的记忆或许受到了异性恋者的压抑。精神分析对一些案例的研究已证明了这一点，通过填补患者童年时所遗忘的事情，从而使患者的记忆发生了决定性的变化。[在本书第一版（1905）中，最后一句话是：“只有通过对性倒错者的精神分析研究，才可对此得出结论。”]

一般说来，各种不同类型的性倒错间并无联系。但我们也可认为，极端性倒错应是与生俱来的，且他们可以与自身的这种特质和平相处。

有些学者不愿将这些不同类型的性倒错看成一个整体，因其偏见他们更愿意强调其中的差异而非共性。尽管不同类型的性倒错者间存在差异是无须争辩的，但我们也绝不能忽视这一事实，即大量群体都处在介于各类型的过渡状态，因此我们可以说是在对一个相互联系的一系列问题进行研究。

性倒错的实质

性倒错最初被认为是神经变异的先天表现，这与医务工作者在精神病患者或类精神病患者身上发现性倒错的事实相吻合。这一说法包含两种彼此独立的假设，即“先天的”和“变异的”。

变异性（degeneracy）

人们对“变异”一词存有偏见是因为这个词常被滥用，人们已经习惯于将那些并非由创伤或感染引起的症状归因为变异。马格南（Magnan）对变异所做的分类正是如此，他甚至用变异描述了神经系统的高级活动。如果是这样的话，那我们可能要问：变异还有什么其他价值？或能为我们增加什么新的知识？聪明点的做法似乎是仅在下面两种情况下谈及变异：（1）多种严重偏离常态的行为同时发生时；（2）工作和生存能力遭到严重破坏时。①

---

① 莫比斯（Moebius，1900）认为，在对变异现象做临床诊断时应十分谨慎，并指出它的实际意义并不大。他说道：“就我们所讨论过的变异现象来说，我们可清楚地发现对此做出诊断收效甚微。”

多项事实表明，性倒错并非变异：（1）性倒错者并无太多异于常人之处；（2）在那些能力并未遭到破坏，甚至在智力发展和道德文化上出类拔萃的精英中也可以发现性倒错[①]；（3）即使我们不着眼于这些医学治疗中的患者，而是从更宏观的角度来看待这一问题，以下这两种事实也足以说明性倒错并非变异：（a）我们必须注意到这一事实，即在文明高度发展的古代社会中，性倒错是一种很常见的现象，并具有重要功能；（b）性倒错在某些野蛮的原始族群中极为普遍，但变异这一概念却仅适用于高等文明（见布洛赫），即使在欧洲的文明人中，气候和人种也会对性倒错的分布及人们对它的态度产生重要影响[②]。

先天性（innate）

正如我们所设想的那样，只有第一类极端的性倒错者才可被称为先天性的，这主要体现在他们一生当中从没有在任何一段时间内表现出对另一种性对象的性冲动。另外两种类型的性倒错，尤其是第三类（偶然性倒错者）则很难用先天性假设加以解释。这是为什么支持这一观点的学者倾向于将完全性倒错者与其他类别的性倒错者区别开来，同时也导致人们在性倒错问题上无法达成普遍共识。按照这些学者的说法，性倒错在某些案例中是先天的，但在另一些案例中则通过其他方式表现出来。

---

① 即使是站在“第三性主义者”立场的人，也坚称历史上的许多名人都是性倒错者，甚至是完全性倒错者。

② 对于性倒错的病理学研究已被人类学研究所取代。这一转变主要归功于布洛赫，他论证了在古代文化中就存在性倒错现象。

反对这一观点的人则认为性倒错是一种后天习得的性特征，其理由下：(1) 我们在许多性倒错者甚至是完全性倒错者的案例中都可以发现，发生于早年的性印象对他们产生了永久的后续效应，即同性恋倾向。(2) 在其他性倒错者身上我们也可以发现外部因素对他们的影响（例如同性之间的排他性交往、战时结下的友谊、狱中的囚禁、同性性交的危害、禁欲以及性功能衰退），但不管是助力还是阻力，终归都固化了性倒错这一事实。(3) 催眠暗示可以消除性倒错，而要想消除先天性特征可就难于上青天了。

从这些观点来看，我们不禁对先天性性倒错的存在产生怀疑。反对派认为（见霭理士，1915)，如果我们对所谓的性倒错者案例做进一步研究，就可能发现他们的早期童年经历对他们的力比多方向有决定性的影响。这些经历并不存在于性倒错者有意识的记忆当中，但在一个合适的契机下，这些记忆仍能被唤醒。在这些学者看来，性倒错不过是性本能的常见变异，受个体生活中的多种外部情况决定。

这一看似确定的结论却遭到以下观点的攻击，即有些受到同样性影响（如在童年早期被诱奸或相互手淫）的人并未就此成为性倒错者或一直倒错下去。因此我们不得不质疑，“先天的”和“习得的”并未涵盖性倒错涉及的所有问题，因此在二者当中做出选择也并不是我们的唯一出路。

性倒错的解释

无论是“先天的”还是“习得的”假说都无法解释性倒错的本质。对于前者，我们的疑问是，从哪方面看是先天的？除非我们要接受这个粗鄙的解释：每个人天生就具有与某种特定的性对象相联系的性本能。对于后者，我们质疑的是，在没有个体因素的参与下，只依靠各种各样的偶然因素，是否就足以造成性倒错？正如我们所言，个体因素是不应该被忽略的。

双性论（bisexuality）

在试图对性倒错的成因做出解释时，李兹顿（Lydston，1889）、科南（Kiernan，1888）和薛瓦利埃（Chevalier，1893）提出了有异于传统看法的观点。大家普遍认为，一个人要么是男人，要么是女人。但是，科学表明，有些人的性征是模糊不清的，因此也很难确定他或她的性别。这个观点首先在解剖学领域内引起关注，某些个体的生殖器官同时具有男性和女性的特征（即生理性双性人），在极少数情况下，两性的性器官均得到充分发育，但更常见的情况是两种性器官都出现了退化。[①]

这些反常现象之所以重要，是因为它们无意之中促进了我们对正常发育的理解，因为它们表明一定程度的解剖学双性是很正常的，在每一个正常的男性或女性个体身上，都可以找到异性器官的痕迹，这些器官要么成为不具有任何功能的多余累赘，要么转变为具有其他功能的器官。

这些长久以来人们熟知的解剖学事实让我们产生了这样一种设想，即人类最初在生理上就是雌雄同体的，通过进化，人又变

---

① 最近对生理性双性人的描述，可参见特劳菲（Taruffi，1903）的著作以及诺伊格鲍尔（Neugebauer）发表在《性过渡阶段年鉴》一书中的多篇论文。

为了单性，而退化的另一性只留下了些许的蛛丝马迹。

我们似乎可以将这个假设应用于心理学领域，这样一来，所有的性倒错都可以被看作是心理上的雌雄同体。要证实这一假设，我们只需证明，心理上的雌雄同体总是与生理上的雌雄同体结伴出现的。

然而，我们的这一愿望破灭了，因为实在难以找到人们所设想的心理雌雄同体与已被证实的生理雌雄同体具有紧密联系的证据。在性倒错者身上，我们常可以发现性本能的减弱和性器官的衰退（霭理士，1915）。但常可发现并不意味着有规律地或甚至总是这样，因此我们必须认识到，事实上，性倒错与生理上的雌雄同体总体上是相互独立的。

人们也很重视所谓的第二性征和第三性征，以及它们在性倒错者身上频繁发生的现象（霭理士，1915）。诚然，其中的大部分情况是这样的，但我们也决不可忘记，第二性征和第三性征也会频繁出现于异性身上，它们虽然是雌雄同体的标志，但却不会像性倒错那样改变一个人对性对象的选择。

如果性对象倒错，同时又伴有个体精神气质、性本能和性格特征向异性特征的相应转变，那么心理上的雌雄同体就可以得到证实。然而只有在性倒错的女性身上，才能找到类似的性格变化，而在男性中，最具有男子气概的人也可以同时是性倒错者。如果我们坚持心理雌雄同体的观点，那就有必要补充这样一点，即它在各个方面的表现只会产生微乎其微的相互影响，且生理雌雄同体也是如出一辙。哈尔班（Halban，1903）认为，个体生殖器官的缺陷与第二性征的出现在很大程度上是彼此独立的。

对双性论最粗浅的解释恐怕就是将男性性倒错者简单地理解为“女性的大脑寄居在男性的躯体内”，但我们忽视了女性大脑的特质是什么。如果用解剖学来替代心理问题的研究，那既无必要也不公平。尽管克拉夫特-埃宾（Krafft-Ebing）的解读相较于乌尔里克（Ulrich）似乎更加清晰，但本质上并无不同。克拉夫特-埃宾（Krafft-Ebing，1895）认为，个体的双性倾向会令其同时具有男女两性大脑中枢以及男女两种性器官，只有到了青春期，这两个中枢才会在与之相独立的性腺的作用下开始发育。然而，关于男性大脑和女性大脑的说法同样适用于男性“中枢”和女性“中枢”，并且我们还没有证据表明大脑具有类似语言中枢的能够控制性的中枢。①

无论如何，这一讨论中浮现出两个问题：首先，性倒错者具

① 根据六卷本的《性过渡阶段年鉴》的文献目录记载，似乎格雷（Gley）才是第一位用双性理论来解释性倒错的人。早在 1884 年 1 月，他就曾在《哲学周刊》上发表过题为《性本能畸变》的文章。此外，值得我们注意的一点是，在薛瓦利埃（Chevalier，1893）看来，大部分认同这种观点的人，都会扩展这个理论的应用范围，用其来解释正常人并将性倒错看作是正常发展受阻所致。克拉夫特-埃宾（Krafft-Ebing，1895，p. 10）在许多观察中都找到了第二中枢（异性中枢）存在的证据。阿尔都因（Arduin，1900）认为：“每个人身上都同时具有男性因素和女性因素（赫希菲尔德，1899），只是其中一种要明显强于另一种，我们也正是通过这一点来判断其性别的。”赫尔曼（Herman，1903）证明：“每个女性身上都具有男性成分，同理，每个男性身上也具有女性成分。”弗里斯（1906）率先提出了双性概念，但在非专业领域，人们认为威宁格（Weininger）才是最先提出这一设想的哲学家，并成为其论精神错乱一书的理论基础（1903）。以上论述可充分证明弗里斯的观点是站不住脚的。

[弗洛伊德对双性理论重要性的认识很大程度上受到了弗里斯的影响，而他在《日常生活心理病理学》（1901b）第七章中所举的例证却说明他忽略了这样一个事实，在《被打的孩子》（1919e）第六部分中的讨论里，弗洛伊德并不接受弗里斯的观点即双性理论能够对压抑做出解释。详见克利斯（Kris）《弗里斯通信集》引言第四部分（弗洛伊德，1950a）。]

有双性特征，尽管在解剖学领域外，我们无法了解这一双性特征是如何形成的；其次，我们还要解决发展过程中令性本能受阻的障碍问题。

性倒错者的性对象

心理雌雄同体理论的前提是，性倒错者的性对象应与正常人相悖。例如，一位男性性倒错者会像一位女人一样为男性的体魄和思想所倾倒，像一位在寻找男性意中人的女人。

然而，虽然这种理论适用于大多数性倒错者，但却并未完全揭露性倒错者的普遍特征。毫无疑问，大部分的男性性倒错者仍然保有男性的心理特征，他们几乎不具有太多的异性第二性征，他们在性对象身上寻找的也是女性的心理特征。如果不是这样的话，那我们如何解释下列事实呢？从古至今，男妓们在外表上无论是穿衣打扮还是行为举止，都在极力模仿女性，以取悦男性性倒错者。然而，很显然，这种模仿与性倒错者真正想要追求的大相径庭。在古希腊人当中，那些最富有男子气概的人往往也是性倒错者，他们喜欢一个男孩，并不是因为男孩身上的男性特征，而是因为他们长得像女人，以及他们所具有的羞怯、贤惠、天真和柔弱等女性心理特征。而一旦这些男孩长大成人，他们便不再是男性的性对象，或许他们自己也会成为恋童癖者。因此，与其他情况一样，这种情况下的性对象并不是同性，而是某个结合了两性特征的个体，是性倒错者对男性的追求与对女性的爱慕两种冲动的妥协。但有一个重要条件，即性对象的身体（性器官）必须是男性的。因此，性对象实际上是对主体自身双性本质的一种反映。①

女性性倒错者的情况要清晰得多，因为她们当中的主动者，无论在生理上还是在心理上，通常都展现出男性特征。虽然，如

① ［最后一句于1915年追加。——1910年增注］事实的确如此，精神分析还不能充分说明性倒错的起源问题，但已经发现了性倒错的心理机制，并有利于相关问题的进一步研究。在所有我们检查过的性倒错者身上，我们都发现了这样一个事实，即在他们的幼儿时期，都曾对某个女人（通常是自己的母亲）有过强烈且短暂的依恋。在克服了这种依恋之后，他们就把自己认同成自己所依恋的女性，并成为自己的性对象。正是由于这样的自恋情结，他们开始寻找跟自己相似的男子，希望他们能像自己的母亲一样爱自己。

［有关这一点，1910年的脚注里写道：要知道，只有一种性倒错类型适用于精神分析——这种类型的性倒错通常是由性活动受阻所致。性活动和发展的各种类型都极其复杂。有关性倒错类型的划分应该以性对象的性特征和性倒错的主体为基础。］

精神分析研究极其反对将同性恋者看作一个特殊群体而与正常人区分开来，对较为隐蔽的性兴奋的研究发现，所有人都有将同性作为性对象的倾向，事实上在潜意识中确实做出过这种决定。的确，力比多对同性者的附着，对正常的心理活动也会产生重要影响，当然，这比附着在异性身上更容易导致人患病。与之相反，精神分析认为在选择性对象时不分性别——男女皆可——这在童年时期、原始社会及史前时期都很常见。在此基础上，再加上这样那样的限制，便形成了正常的或倒错的模式。在精神分析理论看来，男性会对女性产生兴趣并不是理所当然的，也并不是单单用化学原理就可以解释的。一个人的性表现类型要到青春期后才可确定下来，并受到先天体质和后天偶然因素的共同影响。毫无疑问，某些因素会表现得更强烈，甚至会影响到发展结果。但通常来说，能够影响到最终发展结果的因素很多，并导致生成多种性态度类型。在性倒错者身上，人们常常发现远古体质和原始的心理机制占据重要地位。性倒错的主要特征表现为自恋式的对象选择和肛门区的重要性作用。但并不能因此就认为，是体质的特殊性才导致了性倒错的发生。因为在正常人或是介于正常和性倒错之间的人身上也可以发现类似的体质。二者之间的区别看似是质的，而分析表明仅仅是量的差别。通过对那些影响对象选择的偶然因素的研究，我们发现早期的失败经历（早期的干扰、恐吓、性活动）会产生重要影响，另外，父母双方是否都健在也是一个重要因素，若童年期没有强壮的父亲的陪伴，就可能导致性倒错。最后，我们必须指出，性对象的倒错不应与主观性征的混淆混为一谈，这两者之间并无联系。［1915年增补］

果我们对这一事实深究的话，会发现许多差别，但她们始终追求的都是具有女性特征的性对象。[①]

性倒错者的性目的

有一点需要肯定，不同类型的性倒错具有不同的性目的。在男性性倒错者间，肛交并不常见，手淫往往才是他们的最终目的。对性目的的约束（对情绪宣泄的限制）在性倒错者间甚至比在异性恋者间还要普遍。同样，在女性当中，性倒错者的性目的也各不相同，但似乎都对口腔黏膜的相互接触有着特殊的喜好。

---

① 费伦茨（1914）对性倒错提出了许多有趣的观点，他认为许多具有性倒错症状的患者，体质和心理状况都有较大差异，那么将他们全部统称为“同性恋者”就有些不妥了。他认为这种情况更应该称为同性情欲（homoerotism）。他坚称，我们至少应该区分主观同性恋者和客观同性恋者这两类人，前者将自己看作女人，行为举止女性化，后者是纯粹的男性，只不过将同性替代女性作为自己的性对象。费伦茨认为前者正是赫希菲尔德口中的“性中间型”（sexual intermediates），后者则是彻底的强迫性神经症。只有客观同性恋者才会反抗自己的性倒错倾向，或是受到心理治疗的影响。我们承认这两种类型同性恋的存在，需要补充的是，在许多人身上主观同性恋和客观同性恋在某种程度上是共存的。[1920 年增补]

近些年来，著名生物学家斯坦纳（Steinach）的研究也为同性恋和性特征的机体条件提供了解释。对哺乳动物实行阉割手术和移植异性的性腺可改变它们的性别。移植的结果多多少少改变了身体性征和心理性态度（包括主观同性恋和客观同性恋）。在这个变性过程中起决定作用的，不是产生性细胞的性腺，而是被称为“青春腺”（puberty-glard）的性腺间质组织（interstitial tissue）。这个移植手术还改变了一个因肺结核病而失去了睾丸的男性。这名男性在性生活中表现出被动的同性恋特征，举止像个女性，且具有明显的女性特征（如在头发、胡须、乳房及臀部等身体部位）。当他接受了睾丸移植手术后，他的行为便具有了男性特征，女性特征随之消失（李普什舒兹，1919，pp. 356 - 357），并像正常人一样将力比多指向异性。

但我们不能因此就断言，这个有趣的实验让我们对性倒错有了全新的认识，并为医治同性恋提供了可行的治疗手段。弗里斯不无道理地指出，这类实验的结果与高等动物双性理论并不冲突。相反，在我看来，这类实验的成功进一步证明了双性理论的正确性。

结 论

基于手头的材料，我们还无法对性倒错的起因做出合理解释，但研究令我们掌握了更重要的知识，这比解决性倒错的起因问题更有意义。同时我们也意识到，过去我们夸大了性本能与性对象之间的联系。对变态研究的案例表明，性本能与性对象之间存在某种阻碍。在正常情况下，我们将性对象看作是性本能的一部分，因此差点疏忽了这一事实。现在我们必须转变过去那种认为二者紧密相连的观点，事实可能是性本能并不受性对象的影响，也并不是因为受到了性对象的吸引所致。

（二）恋童癖和恋动物癖

性倒错者仅仅是在性对象的选择上有些许异常，但在其他方面无异于常人。然而，那些以儿童为性对象的则是罕见的变态。将儿童作为性对象的情况并不多见，通常都是些软弱的性无能者才会将儿童视作替代品，又或者是当急切的欲望发生时（无法延迟）却无法找到更合适的性对象，此时儿童就很可能成为发泄对象。不管怎样，以下事实将有助于我们认清性本能的本质，即性对象的种类居然可以如此繁多，甚至有人可以为了满足欲望而饥不择食，但即便在饥饿时，人类对食物对象的选择也并不是毫无要求的，只有在极端条件下才会出现对食物不加选择的现象。同样，与动物发生性行为的乡下人也并非少数，由此可见，性吸引力似乎能够超越物种的界限。

基于美学的立场，人们应该很乐意将由性本能所引发的类似或其他严重变态行为归因于精神错乱。但事实并非如此，经验表明，精神错乱者在性本能的障碍上无异于健康人或整个种族。儿童更容易受到教师和看护人的性侵是因为这些人更有机会接触儿童。精神错乱者只是把这些变态行为表现得更加极端，甚至成了获得性满足的唯一方式，以至于完全取代了正常的性满足。

健康人与精神错乱者在性问题上的差异如此之小发人深省。我想，只是因为即使对于正常人来说，性冲动也是最不受大脑高级活动控制的冲动。据我所知，无论从社会还是伦理角度来看，精神不正常的人其性生活也必然是非正常的，但某些性生活不正常的人，在生活的其他方面却与常人无异。这些人完全能够适应人类文化的发展，而性是文化中的弱项。

综上所述，在大部分情况下，对大多数人来说性对象的性质和重要性都是次要的。有关性本能，一定还存在某些更重要、更根本的东西。①

二、性目的的转变

我们认为正常的性目的应该是两性的性器官在性交过程中结合，使性紧张得以释放，并让性冲动得到暂时的满足，就如同让

---

① 毋庸置疑，古代人与我们在性生活上最显著的差异就在于古代人更强调性本能本身，而我们更重视性对象。古人赋予本能至高无上的地位，认为它可以神化低贱的性对象，然而，现代人则认为性本能是低俗的，只有作用在性对象上时才会被人们所接受。[1910 年增注]

一个饥饿的人饱餐一顿。但即使在最正常的性过程中，我们也可窥见某种倾向，若任由其发展，则会导致性倒错，即“性反常”(perversions)。在实现最终的性目的之前，势必存在一些导向这一目的的中间过程，如抚摸或注视，它们是实现性目的的必经之路，又是为性目的的实现而做的前期铺垫。一方面，这些活动能令人感到愉悦；另一方面，它们可以刺激性兴奋，以实现最终的性目的。例如，接吻就是此类活动中的一种，这个双方嘴唇黏膜相互碰触的行为在众多种族当中（包括文明程度较高的一些种族）都具有较高的性价值，尽管嘴唇并不是性器官，而是消化系统的一部分。下面这些因素为我们提供了分辨性反常与正常的性生活的判断标准，也为二者的分类提供了基本准则。所谓性反常指的是：(1) 在解剖学意义上，性交使用的器官超越了用以两性结合的身体部位的界限；(2) 按照常理，本应迅速导向终极的性目的，而反常的性行为却是与性对象的关系长时间地停留在过渡阶段。

(一) 解剖学意义的超越

对性对象的高估

只有在极少数情况下，对作为性本能目的的性对象的评价才会仅限于性器官。实际上这种评价应遍及性对象的全身，甚至包括性对象的各类情感。对性对象的高估在心理层面上亦是如此：一个人可以被性对象完美的人格魅力所迷惑，以至于丧失了基本的判断力。因此，盲目的爱，如果不是“权威”一词的词源，也至少是这一词产生的重要原因。[①]

一旦对性对象高估，一个人的性目的将不仅仅满足于性器官的结合，而是会将身体的其他部位也纳入其中。[②]

对男性的研究更有助于我们理解对性对象高估这一行为的意义，因为他们的性生活更易被研究者所掌握。而女性，一方面由于她们受到文明的禁锢，另一方面她们生性隐秘、虚伪，这使得她们的性生活始终笼罩着一层朦胧的面纱。[③]

嘴唇和口腔黏膜的性用途

只有当一个人的嘴唇（或舌头）被当做性器与另一个人的性器相接触时，才会被看作是反常的（perversion），而相互接吻则不是，这也是正常与反常的分界点。毫无疑问，口腔与性器相接触的行为由来已久，那些将其指责为变态的人，心中自然会升起

---

① 此处我不禁联想到被催眠者对催眠者的百依百顺。我怀疑，催眠的本质就是通过对被催眠者性本能中的受虐成分施加影响，进而令被催眠者的力比多聚焦在催眠者身上。费伦茨（1909）认为，这种暗示特征与“恋亲情结”（parental complex）有关。参见《群体心理学与自我的分析》（1921c）第八章。

② [在 1920 年之前的版本中，本段的最后一句话为：“各类不同的极端的解剖学扩展清晰地表明了一种求变的需要，豪克（Hoche）对此称为‘渴求刺激’。”脚注的前两句为 1915 年版所加，之前的版本为：“仔细思考后我得出了这样的结论，布洛赫已经确认了渴求刺激具有重要的理论意义。”整个脚注及上文的这一段是 1920 年出现的。] 然而，需要指出的是，对性对象的高估并不会出现在对象选择的每一个机制当中。此后，我们将会对其他身体部位所扮演的性角色做出更直接的解释。豪克和布洛赫用“渴求刺激”一词来解释性器之外其他身体部位会产生性趣的原因，但我对此不以为然。力比多的运行路径，一开始就像通信网络一样相互连接，我们必须考虑到力比多进入到分支的情况。

③ 在某些特定条件下，女性并不会对自己的丈夫高估，但却会高估自己的孩子。[1920 年增注]

明显的厌恶之情，令他们无法接受此类性行为，但这种厌恶感的界限却十分模糊难以界定，纯粹是一种习俗：例如一位男性可以热烈地亲吻一位美女的朱唇，但一想到要用她的牙刷，则不免升起厌恶之感，这并不意味着他的口腔就比这位美女的干净，但他们并不会厌恶自己。因此，我们要对厌恶这一因素多加注意，因为它既可以阻碍力比多对性对象的高估，反之又受到力比多的掌控。厌恶似乎是可以限制性目的的众多力量之一。无疑，异性的性器官通常能够成为令人生厌的对象，并且这种厌恶是歇斯底里症患者，尤其是女性歇斯底里症患者的特征。征服这种厌恶感就是展现性本能力量的最佳战果。

肛门的性用途

与肛门相关的性行为则会令人更加生厌，也更容易被人贴上性变态的标签，原因是肛门是用于排泄的器官，总是与本身就令人作呕的排泄物相联系，倒不是我对此存有偏见，但这种说法实际上并不比“歇斯底里症女孩由于男性阴茎有排泄功能而心生厌恶”的说法高明。

肛门黏膜的性作用并不仅限于男性性交，对它的偏爱也不意味着就是性倒错。相反，与男性肛交其实跟与女性性交非常相似。对大多数性倒错者来说，他们追求的性目的通常还是相互手淫。

身体其他部位的作用

当性兴趣扩展至身体其他部位，无论形式多么多样，其本质上都与前者无异，关于性本能并未给我们带来任何新的启示，充其量不过是说明性本能会利用种种有可能的渠道来占有性对象。但解剖学上的发展让我们知道，除了对性对象的高估外，还存在一个不为人知的因素，身体的某些部位如口腔黏膜和肛门黏膜由于长期出现在性行为中，似乎已经被当成了性器官。下面我们还将发现性本能研究的发展将证实这一点，同时我们还将发现它为某些疾病的症状提供了解释。

性对象的不恰当替代——恋物癖（fetishism）

在某些特殊的情况下，性对象会被其他物品所取代，这些物品虽然与性对象有关系，但完全不适合作为正常的性目的的对象，这种现象尤为引人关注。按照我们的分类方法，我们本该在论述性对象的变异时就提到性本能的这种极其有趣的变化，但直到我们搞清楚了“对性对象高估”这一问题的成因后才提出这一点，这是因为摒弃了性目的后的现象仍然与之相关。

性对象的替代品通常是一些并不适合作为性目的的身体部位（如脚部或头发），或是与性对象相关的，尤其是能与性行为发生联系的无生命的物体（如衣服或内衣）。这些替代品的作用与原始社会中的圣物崇拜有异曲同工之处，野蛮人之所以会崇拜圣物，是因为他们认为圣物是神灵的化身。

在某些恋物癖案例中，性目的无论是正常的还是倒错的，都将被彻底抛弃。而在另一些案例中，为了帮助恋物癖者达成性目的，性对象还要具备某种特征，如特定的发色、衣服甚至是身体缺陷，这种处于病态边缘的奇特的性本能变异着实令我们产生了浓厚的兴趣。恋物癖患者追求正常性目的的能力都在某种程度上有所减退（如性功能下降），这似乎是形成恋物癖的必要前提。① 正常人也会出现在心理上对性对象高估的情况，甚至爱屋及乌。因此在正常的爱恋中存在一定程度的恋物癖并不奇怪，尤其当正常的性对象无法企及，或是在追求对象的过程中受到阻碍时：

给我，她胸前的围巾，

她腿上的吊袜！②

如果对替代物的追求超过了一定的限度，取代了正常的性对象，又或是替代物与性对象脱离，进而成为独立的性对象，那么恋物癖就成了一种病态。事实上，这也正是导致性本能的微小变异发展成为病态现象的一般条件。

比纳（Binet，1888）最先提出（已被后续大量实验证明），对崇拜物的选择源于儿童时期被灌输的性印象［这与描述初恋的谚语意思相近：初恋难忘（On revient toujours à ses premiers amours）］。当性对象与崇拜物之间仅有些许联系时，对崇拜物的选择就更易受到儿时印象的影响。有关儿童时期性印象的重要作用，此后我们

---

① 这种缺陷代表着体质上的不足。精神分析研究发现，如果在儿时受到了性恐吓，成人后就有可能偏离正常的性目的，转而寻找其替代品。［1915 年增注］

② 选自《浮士德》第一部，第七场。德语为：Schaff'mir ein Halstuch von ihrer Brust，Ein Strumpfband meiner Liebeslust!

还将继续讨论。[①]

在其他案例中，患者用崇拜物取代了性对象，这往往是由于他们在不知不觉中受到了象征性思维的影响。但我们并非总能追踪到崇拜物与性对象之间的联系（例如，脚是自神话里就已出现的一种古老的性象征[②]，而毛发作为崇拜物也一定是源自阴部毛发的联想）。尽管如此，这些性象征通常也与儿童时期的性经历有关。[③]

---

① 深入的精神分析研究对比纳的观点做出了客观的评判。所有的观察均发现，当一个人第一次接触崇拜物时就已经产生了性兴趣，但通过周遭的环境无法解释这种现象的原因。此外，所有这些早期的性印象都发生在五岁到六岁期间，精神分析对这种病态的执着出现的时间如此之晚深表怀疑。真实的情况应该是，在见到崇拜物之前的记忆中就隐藏着被压抑的性经历，这段经历隐藏在崇拜物之后，崇拜物不过是它遗留的残迹。婴儿如何发展成为恋物癖者，以及如何挑选出自己的崇拜物，这都是由一个人的体质因素决定的。[1920 年增注]

② 鞋子或者拖鞋是女性生殖器的象征。[1910 年增注]

③ 精神分析为我们能够正确理解恋物癖扫清了道路。有关对崇拜物的选择，由于受到压抑而已经消失的食粪倾向中的嗅觉快感起到了关键作用。脚步和头发都具有强烈的气味，当嗅觉快感因为难闻的气味而被抛弃之后，这两个部位就变成了崇拜物。而对那些将脚部作为崇拜物的变态者而言，他们的性对象都是肮脏的臭脚。儿童的性理论对恋脚现象又提出了其他解释：由于孩子发现女性没有阴茎，脚就成了女性性器官的替代品［1915 年增注］。诸多恋脚癖的案例表明，窥视欲会令人在隐秘处寻找性目标（即性器），可是由于禁忌和压抑，这种行为通常会半途而废，因而脚或者鞋就变成了崇拜物。在儿童的想法中，女性具有和男性相同的性器官。弗洛伊德在写给弗里斯的两封信中（1897 年 1 月 11 日和 11 月 14 日）（弗洛伊德，1950a，信 55 和 75），都提到了压抑嗅觉快感的重要性。在有关“鼠人”的讨论中，他也提到了这个问题（1909d），甚至在《文明及其缺憾》第四章中的两个篇幅较长的脚注中对此进行了详细的讨论（1930a）。弗洛伊德还曾发表过专门探讨恋物癖的文章（1927e），在他离世后出版的《论自我的分裂》（1940e）和《精神分析导论》第八讲的结尾处也曾提及这一问题（1940a）。[1910 年增注]

（二）在过渡性性目的上的停留

新目的的出现

阻碍或延迟正常性目的达成的因素，无论是内因还是外因（如阳痿、性对象的高昂价格或性行为的危险性），显然都会使性行为滞留在过渡阶段，并从中发掘出能够取而代之的新的性目的。如果我们留心观察便可发现，在正常的性行为过程中，即使是那些最怪异的新目的，我们也可寻得一些蛛丝马迹。

抚摸与观看

在正常性目的达成前，一定程度的抚摸是不可或缺的。众所周知，抚摸性对象的皮肤能给人带来愉悦和兴奋感。因此，如果接下来的性行为能够继续进行的话，那么在抚摸阶段的停留就不能算作是性变态。

观看也是如此。本质上，它是源自抚摸的一种行为。视觉印象最易引起性兴奋。的确，如果从目的论的观点来看①，自然选择正是遵循了这一规律——性对象越美越好。随着文明的发展，人类开始用衣物遮掩自己的身体，而这反倒激起了人们的性好奇。好奇心又促使人们剥去性对象的外衣，令其身体一览无余。但如果对性对象的关注点能从性器官转向整个身体，那就可以升华②为

① ［这句话于 1915 年增补。］

② ［尽管在 1897 年 5 月 2 日写给弗里斯的信中弗洛伊德就曾使用过“升华”一词（1950a，信 61），但公开使用这似乎还是首次。在有关“杜拉”的病例中虽也曾使用过，但根据清样的时间 1901 年来看，要比本篇出版的时间晚。下文还将对这一概念做进一步的讨论。］在我看来，“美”毋庸置疑来自性兴奋，它原本就指代性刺激。［德语中，reiz 既可以指刺激，也可以在日常生活中指魅力和吸引力。］但我们从未将能够引起强烈性兴奋的性器官与“美”联系起来。［1915 年增注］

艺术行为了。大部分正常人通常都会停留在观看阶段，这确实有助于他们将部分力比多转化为更高层次的艺术享受；如果观看的乐趣［窥视癖（scopophilia）］属于下列情况的话，则被视为变态行为：（1）仅限于观看性器官；（2）观看过程需要克服厌恶感（如喜欢看人大小便的窥阴癖者）；（3）观看行为没有为正常性目的的达成提供准备，反而阻碍了它。最后一点在露阴癖者的身上表现得尤为明显，诸多分析表明①，露阴癖者暴露自己的性器官是想以此来换取对异性性器官的窥视②。

在窥视和暴露的变态行为中，我们发现一个尤其需要引起人注意的特征，下面我们就将对此做进一步分析。这些变态行为的性目的表现为两种形式：主动型和被动型。

能够与窥视欲相抗衡的力量是羞耻感（正如前文所说的厌恶感一样），但羞耻感有时也会被窥视欲望压制。

施虐与受虐

令性对象遭受痛苦和令自己遭受痛苦是性变态最常见和最重要的两种形式，克拉夫特-埃宾（Krafft-Ebing）根据其主动性和被动性的不同，将它们分别命名为“施虐狂”（sadism）和“受虐

---

① ［在 1924 年之前的版本中，这句话为“对一个案例的分析表明”。］

② 分析发现，这类性变态与其他性变态行为一样，有着多种令人意想不到的动机和原因。例如，暴露癖与阉割情结密切相关：通过暴露可以向他人展示自身（男性）生殖器的完整性，同时也令他在发现女性缺少阴茎时体验到一种婴儿般的满足。［1920 年增注］

狂”（masochism）。其他学者（如 Schrenck-Notzing，1899）则倾向于更狭义的术语“虐淫”（algolagnia），它强调的是令人痛苦的残酷，但有些人却乐在其中；而克拉夫特-埃宾的术语则涵盖了任何羞辱与臣服形式中的快乐。

主动性虐淫，即施虐狂，其根源很容易就能在正常的性行为中找到。大部分男性的性行为都具有攻击性——征服欲，其生物学意义似乎在于，男性不仅仅满足于用求爱的方式征服自己的性对象。因此，施虐行为源自性本能中的攻击性，而这种攻击性一旦被夸大和强化，便会喧宾夺主，占据主导地位。①

在日常用语中，施虐狂的所指经常在两种含义间摇摆不定。一方面，它指主动、暴力地对性对象的施虐行为；另一方面，也可指通过羞辱和虐待性对象以获得满足。严格来说，只有后一种才可被定义为性变态。

同理，受虐狂泛指一切对性生活和性对象被动接受的态度，其极端形式表现为，通过性对象在生理上和心理上对自己造成的痛苦来获得满足感。与施虐狂相比，作为性变态的受虐狂似乎更加偏离正常的性目的，对此我们不禁要问：到底最初它是自己出

① ［在 1905 和 1910 年的版本中，此处为：“至少可以确定导致受虐狂的原因之一是源自性对象选择的必要心理结果，即性的高估。”在 1915 年之后的版本中删除了这句话，并补充了以上两句。］

现的呢，还是由施虐狂转化而来的呢?[①] 研究发现，受虐狂不过是施虐狂向自我的转向，自我取代了性对象成为施虐对象。对极端的受虐狂案例的临床分析表明，受虐狂是原始被动的性态度在诸多因素的综合作用下被强化后的结果。

这些案例中要克服的痛苦，与厌恶感和羞耻感一样，都是阻碍力比多的力量。[②]

施虐行为与受虐行为在性变态行为中占有特殊地位，因为它们正代表了性生活的普遍特征，即主动性与被动性二者所构成的对立。

人类文明发展史已清楚地揭露，性本能与暴力行为之间关系紧密，但除了强调力比多中的攻击性因素外，再没有人对这种联系做出过多解释。某些专家认为，性本能中的攻击性事实上是原始人食人欲望的残留，通过征服对方以满足人类在成长过程中原始强烈的本能需求。[③] 也有人认为，每种痛苦中都具有痛并快乐的可能性。综上所述，我们可以知道，迄今为止还没有人对性变态行为做出令人满意的解释，但它似乎有可能是众多心理因素综合

---

① 基于我对受虐狂的心理结构及作用于它的本能的类型的理解不断加深，我对受虐狂的看法也随之发生了改变。最初我将受虐狂分为“原发型”（primary）和“快感型”（erotogenic），之后又分为“女性型”（feminine）和“道德型”（moral）。另外，还存在一种在“原发型”基础之上发展起来的“继发型”（secondary）受虐狂，他们大多是由于在现实生活中没有施虐的出口而不得不转向自身（弗洛伊德，1924c）。[1924 年增注]

② [这一小段在 1905 年的第一版中就存在，以上的两段及下一段则是在 1915 年追加上的。]

③ 我对前性器组织发展的论述也证实了这一点。[1915 年增注]

作用的结果。[①]

性变态行为最为显著的特征就在于其主动形式和被动形式能够在同一个体身上同时发生。在性生活中，通过向对方施虐以获取快乐的人，同时也能在对方的施虐下感受到愉悦。施虐者同时也是受虐者，只不过主动形式或被动形式总有一种会更占上风，最终在性行为中占据主导地位。[②]

此外，我们还发现，性变态行为中的两种对立倾向通常都是成对出现的，这一点对于下面我们要论述的问题具有重要的理论意义。[③] 此外，施虐狂和受虐狂这组对立组合的出现不能仅仅归因于攻击性因素。我们应当更倾向于将这组对立与双性（bisexuality）现象中的男女对立联系起来。在精神分析中，也常用主动与被动来指代男女两性的对立。[④]

三、性变态的共同特征

变异和病症

医生若在特定条件下，初次对性变态的典型案例开展研究，

---

① 上文中的观点令我形成了一种特殊观点：从性本能的根源来看，施虐狂与受虐狂是相互对立的，这也使得这种现象与其他性变态行为区分开来。[1924 年增注]

② 此处无须列举过多证据，我仅引用霭理士（1913，p. 119）的论述："有关施虐狂与受虐狂的历史性研究，包括克拉夫特-埃宾的研究（已被科林、斯科特和费拉证实过），都显示在同一个身体上存在两种现象的迹象。"

③ 参见下文中有关"矛盾心理"（ambivalence）的论述。[1915 年增注]

④ [最后一句话在 1905 年和 1910 年的版本中并不存在。在 1915 年的版本中追加了这样的论述："通过精神分析理论可推断出主动与被动的对立。"在 1924 年的版本中，这段论述被本书这句话所替代。]

不免要将它们看作是像性倒错一样的变异或病症。然而，与性倒错相比，性变态的观点似乎更难以立足。日常生活经验表明，略微出格的亲密行为与其他亲密行为无异，也常出现于健康人的性生活中。如果条件允许，正常人在一段时间内也会将性变态视作正常性目的或一正一邪两种行为同时进行。事实表明，健康人也会在正常性目的以外增加些被称为变态的行为，这一发现足以说明，采用带有羞辱性的“变态”这一术语是多么的不恰当。在性生活方面，我们还无法在生理学上的变异与病理学症状之间画出清晰的界限，这几乎是办不到的。

我们应当对某些性变态行为的性目的给予特殊关注。有些性变态行为过于偏离常态，以至于我们不得不将其称为病态。尤其是当性本能成功地克服了羞耻、厌恶、恐惧和痛苦时（如在舔食大便、奸尸行为中）就更是如此。但即使在这些情况下，我们也不可武断地认为这种人就是疯子或变态，同样，我们无法忽视的事实是，这些人在生活的其他方面都十分正常，只是由于无法束缚自己的性本能，因而在性方面出现了病态。从另一方面来看，在生活的其他方面反常的人，其性行为往往也不正常。

在大多数情况下，性变态的病理学特征并不在于性变态患者有了新的性目的，而在于其与正常性目的的不同。如果变态性行为能够与正常的性目的和性对象和谐共处，那即便是外界环境有利于变态性目的而不利于正常性目的，也不能称之为“病态”。简言之，只有当性变态行为将正常性行为彻底地排挤出去并取而代之时，即具有排他性和固着性时，我们才能说这是一种病态的症状。

性变态的心理因素

也许在那些最令人憎恶的性变态行为中，心理因素在性本能的转化过程中都起到了至关重要的作用。无法否认，任何性变态行为中都有心理因素的参与，尽管结果令人震惊，但却使性本能实现了理想的转化，也许这类变异行为恰恰能够有力地展现出爱的力量，在性行为中，最高级的力量和最低级的力量总是紧密相连：从天堂到人间再到地狱。①

两个结论

通过对性变态的研究我们发现，性本能必须要克服某些心理因素的阻力，如其中最具代表性的羞耻感和厌恶感。我们可以这样认为，正是这些心理阻力才使性本能被限定在一个正常的范围内活动。如果这些力量在性本能挣脱束缚之前就已经开始发生作用，那么它们就可以引导性本能按照正常的轨迹发展。②

此外我们还发现，某些性变态行为是多种因素综合作用的结果。如果在分析方法上对它们进行拆解或解剖，就会发现它们在

① [德语原文为：“vom Himmel durch die Welt zur Hölle.”出自歌德《浮士德》的序曲，弗洛伊德在 1897 年 1 月 3 日写给弗里斯的信中建议将这句话作为“性活动”这一章的题词（弗洛伊德，1950a，信 54），此时弗洛伊德已开始关注性变态问题。在 1896 年 1 月 1 日写给弗里斯的信中弗洛伊德第一次提及此事（清样 K）。]

② 从另外一方面来看，某些阻碍性发展的力量，如厌恶感、羞耻感和道德，可被视作人类历史发展中性本能受到外部阻力压抑后的沉淀。在这个过程中我们不难发现，如果恰逢适当的时机，又受到了教化或是外界因素的影响，它们就会立即体现出来。[1915 年增注]

本质上其实是一个整体。这也许意味着，性本能本身就是一个多元素的整体，在性变态行为中，多种元素又重新聚合在一起。如果是这样的话，那么对这些变异的临床观察也让我们注意到了正常人性行为中的多因素综合作用。①

四、神经症患者的性本能

精神分析

只有通过某种特定的方法，我们才能了解神经症患者的性本能问题。目前只有一种重要方法能够清晰准确地向我们揭示歇斯底里症患者、强迫症患者、常被误称为神经衰弱的患者、早发性痴呆患者和妄想症患者等精神神经症患者的性生活情况。这种方法就是由我和布洛伊尔（Josef Breuer）在 1893 年提出的“内心净化法”（catharsis），这是一种基于精神分析的治疗方法。

正如在其他作品中一样，首先我有必要说明，我的所有研究都显示精神神经症源于性本能。这不仅仅是说性本能的力量是造成病态症状的诱因，我更想说明的是性本能是诱发精神神经症的最重要原因，也是唯一的一个持续性的根源。因此，精神神经症患者的性生活都在某种程度上表现出了病态症状。我在其他作品中也曾阐述过，这些病

① 对于性变态的起源，我还需要补充一点：我们有理由相信，如同恋物癖一样，在性变态固着之前存在一段正常的性发展时期。精神分析对某些个别病例的研究表明，性变态是俄狄浦斯情结留下的残余，在受到压抑之后，性本能中最强势的部分再度出现了。［1920 年增注］

态症状充斥于神经症患者的性生活。过去 25 年间[①]对歇斯底里症和其他神经症患者所做的精神分析已充分证实了这一点，其中部分已在我的作品中做了详细说明，之后也将继续做进一步的阐释。[②]

用精神分析法来缓解歇斯底里症患者的病症是基于这样一种假设，即歇斯底里症是一系列精神活动、愿望和渴求的替代品，受到某些特殊心理过程（如压抑）的控制，又无法以合理的方式获得宣泄。因此，这些潜意识中的精神活动就力图找到一个发泄的渠道，对于歇斯底里症患者而言，他们的发泄渠道就是一些生理症状（通过“换位”），即歇斯底里症症状。借助特殊手段，我们可以对这些症状追根溯源，由此可令过去那些含混不清的潜意识心理结构的本质和根源逐渐清晰起来。

精神分析的结论

运用精神分析手段，我们发现这些病症实际上是由性本能所引发的内心冲动的替代品。据我们所知，歇斯底里症（可被看作一种典型的精神疾病）患者在其发病前的特征和他们的致病原因上均与上述结论相符。歇斯底里症患者在一定程度上都表现出了超出常人的性压抑，性本能受到了强力的阻碍（如之前我们提到的羞耻、厌恶和伦理道德），这些似乎令他们本能地回避对性问题的思考。因此，在某些极端案例中，已经性成熟的患者却还对性

---

① ［在 1905 年版本中是“10 年”，包括 1920 年版在内的每一版都有些许变化。］

② 这并不算是什么反例，而应算是一种补充。或许可以重新表述为：歇斯底里症症状一方面是力比多的本能要求所致，另一方面是自我对力比多的反应所致。［1920 年增注］

一无所知。①

如果不细心观察的话，歇斯底里症的这一典型特征，通常会被其另一特征所掩盖，即歇斯底里症患者也是受性本能支配的。然而，精神分析却总能拨开迷雾，揭露出过度的性需求与过强的性阻力之间的对立关系，以及正是这种冲突与矛盾才导致了歇斯底里症的发病。

当一个具有歇斯底里症倾向的个体步入成熟期之后，或在外部因素的影响之下他们意识到自己的性需求需要发泄渠道时，歇斯底里症也就即将要发作了。在性本能与性阻力的双重压力下，歇斯底里症为患者提供了一条解脱之路，只是它并没有化解两者的冲突，而是将力比多冲动转化为病症。② 例外的情况极其少见，如一位男性歇斯底里症患者，他的发病只是由于一些微不足道的情感冲突，与性爱并无关联。精神分析对这些案例的研究表明，歇斯底里症是由相互冲突的性因素所引发的，同时会令患者的精神活动偏离常态。

神经症与性变态

大量与我相悖的观点无疑是由于它们将我视为神经症症状根源的性本能当成了正常的性本能。但精神分析的研究更加深入，并发现这些病症绝不仅仅源自这些所谓的正常的性本能，至少不

---

① 布洛伊尔（对第一个病例分析的第二段，布洛伊尔和弗洛伊德，1895）在用精神宣泄法治疗第一个病例时写道："她的性知识少得可怜。"

② ［在另一篇《论神经症的形成》（1912c）一文中，弗洛伊德对这一问题做了进一步论述。］

是主要由于这个原因。它们主要还是由广义上的反常性本能所引发的，如果反常的性本能能够畅通无阻地从意识层面到达人们的幻想并在行为中表现出来，那就会导致神经症的发病。因此，这些症状的根源在某种程度上是反常的性本能，神经症也可以被称为性变态的负面表现。①

精神神经症患者的性本能表现出了我们所研究过的各类偏离正常性生活的变异。

(1) 所有神经症患者的潜意识心理活动（无一例外）都具有性倒错倾向，他们的力比多关注的是同性。只有通过深入研究，我们才能充分理解这一点对神经症致病原因的重要性。我所能肯定的是，神经症患者潜意识中性倒错倾向的存在以及这种倾向对解释男性歇斯底里症所具有的重要意义。②

(2) 如果在性活动的解剖学范畴上探查神经症患者在潜意识中的倾向，就会发现，这些倾向正是病症形成的原因，其中尤其要提及的是他们频繁地将口腔和肛门黏膜视作性器官的倾向。

---

① [在1897年1月24日写给弗里斯的信中，弗洛伊德用了文中的这些术语表达了这一观点（弗洛伊德，1850a，信57）。在1896年12月6日及1897年1月11日的信中也有所涉及（信52和信55）。在“杜拉”的病例中也可见到。] 性变态者对自己的幻想有清晰的认识，在有利的条件下，可转化为外在实践；偏执狂将自己疯狂的恐惧投射到他人身上；歇斯底里症患者在潜意识中也存在幻想。他们的幻想在细节上十分相似。

② 神经症患者通常会伴有明显的性倒错现象，与此同时，同性恋的倾向会完全压制异性恋的倾向。我要承认的是，我是在柏林与弗里斯的一番交谈之后，才开始注意到神经症患者身上普遍存在的性倒错趋向的，尽管在此之前我也曾对这类个案做过分析。这一事实虽未引起广泛关注，但必将会对其他同性恋理论产生深远影响。

(3) 组元本能[①]诱发了一系列成对出现的新的性目的，如窥视欲与窥阴欲及施虐与受虐欲。

这些便是众多致病原因中尤为重要的因素。其中，施虐与受虐更能令我们理解这些症状的痛苦，它几乎在某程度上主宰了患者的社会生活。同时，力比多与暴行之间的紧密联系也可导致由爱生恨，将深情转化为攻击，这不仅是大部分神经症患者的典型特征，似乎在妄想症患者中也极为普遍。

以下事实将为我们的发现增加更多的趣味性。[②]

(1) 我们在潜意识中发现的这类本能，都是成对出现的，且伴随出现的第二种本能也会同时发生作用。因此，每种主动性变态行为都会与一种被动性变态行为相伴出现：在潜意识中有露阴癖的人同时也是窥阴癖；因压抑施虐冲动而饱受痛苦的人也必定伴有源自受虐倾向的症状。主动与被动的性变态正是这类情况中最值得关注的，尽管在实际生活中，常常是两种倾向中的一种占据主导地位。

(2) 在任何一个极其典型的神经症案例中都不会只出现单一的性变态行为，通常我们会发现一系列彼此相互独立的性变态行为，且都留下了各自的发展轨迹，因此，对主动性变态行为的研

① [“组元本能”的概念虽然在前面已出现过，但这却是第一次出现在弗洛伊德的公开著作中。]

② [在 1920 年之前的版本中，提出了三种与此类似的特殊情况，但第一种在之后的篇章中已被删除，主要表现为“在神经症的潜意识思想轨迹中并未发现任何与恋物癖相对应的倾向”。这让我们对这种已经很清晰的性变态的心理特殊性有了更深的理解。]

究也令我们有机会接触到被动的性变态行为。

五、组元本能和快感区[①]

回顾我们所掌握的有关主动与被动性变态的相关知识，似乎可以发现它们源自一系列的组元本能，但组元本能也不是导致性变态的最根本原因，这还有待进一步分析。[②] 所谓“本能”，指的是由持续的生理刺激所引起的心理反应，以区别于由外部单一因素引起的“刺激”，本能是一个介于生理与心理边缘的概念。对于本能的本质，最简单也最有可能的假设是它本身并无任何意义，只是用于测量心理需求的尺度，通过判断它们源于何种心理刺激和它们的目的是什么可以对各类本能进行区分。本能由对器官的刺激所引发，而其目的就是要消除器官刺激。[③]

在本能理论中，另一个我们不可忽视的假设是，身体器官所引起的两类刺激是基于不同的化学成分的作用。其中一类我们称

① [这似乎是“快感区”这一概念首次公之于世。事实上弗洛伊德在 1896 年 12 月 6 月写给弗里斯的信中已使用过这一概念（弗洛伊德，1950a，信 52）。在“杜拉”的病例中也曾出现过（1905e，或许写于 1901 年），但很显然是对我们熟知的“歇斯底里症引发区”这一概念的类比。]

② [从此处到本段结束写于 1915 年，在 1905 年和 1910 年的两个版本中，他写道：“通过区分组元本能（本能本身并不具有性的性质，它来自动力的冲动性），可将它与接受刺激的器官区别开来（如皮肤、口腔黏膜或感受器）。这类器官就可被称为‘快感区’——它的兴奋会赋予本能性的色彩。”弗洛伊德在写《本能及其变化》一书期间对此处做了修改（1915c），并重新审视了整个篇章。]

③ 性本能理论是精神分析学说的核心，但也是最不完善的部分，此后，我在《超越快乐原则》（1920g）与《自我与本我》（1923b）中对此做了更加详尽的阐述。[1924 年增注]

之为“性刺激”，引发这种刺激的器官就是导致组元本能的“快感区”（erotogenic zone）。[①]

快感区的作用可立即体现在性变态行为中，导致性变态者将口腔和肛门当作重要性器官，从各方面来看，它们都好似性器官的一部分。在歇斯底里症患者身上，身体的这些部分与附近的黏膜成了新的感受区，神经分布也发生了变化，刺激这些部位就如同刺激性器官一样，会令人产生类似勃起的快感。[②]

在众多精神神经症中，快感区作为性器官的附属品和替代品的作用在歇斯底里症患者身上体现得最为明显。但这并不意味着在其他病症中就不重要，而是因为在强迫症和妄想症这类疾病中，引起发病的心理器官远离身体控制中枢，因此其快感区很难被辨识。在强迫症中，这些冲动的作用甚为突出，看似与快感区无关，但却使人产生了新的性目的。然而，在露阴癖和窥阴癖中，眼睛就成了快感区，而在施虐与受虐行为中，皮肤则充当了快感区，甚至身体某些特殊部位的皮肤已变成了黏膜般的感受器官，成为超能快感区。[③]

---

① 这些假设仅仅基于对某些特定的神经症的研究，目前很难获得证实。但如果对此只字不提，我们就无法对本能理论进行论述。[1915 年增注]

② [该句增补于 1920 年。]

③ 此处令我们想起了莫尔（Moll）对性本能的分析，他将性本能分为肉体接触欲和消除肿胀欲。前者指的是皮肤相互接触的欲望。[莫尔（1898）认为，后者指的是通过痉挛使性器官的紧张得以释放，前者则是与他人进行皮肤接触的欲望。他认为后者在个体发展中出现得更迟。在 1905 年和 1920 年的版本中他写道：“斯托迈耶通过观察得出了正确的结论，即强迫性自我谴责源于受到压抑的施虐冲动。”]

六、精神神经症中性变态盛行的原因

之前的讨论也许会令人对精神神经症患者的性生活产生误解，认为他们的性行为一定会异于常人。的确，若从“变态”一词的广义上来讲，他们确实具有不正常的性变态倾向，但对一些轻度患者的研究表明，他们也并非就一定是性变态，至少我们不能仅凭（是否是性变态）这一点就判断一个人的病症严重程度。大部分精神神经症患者都是在青春期后因正常性生活的压力而发病的（尤其针对正常性生活中的压抑），还有些人则由于力比多在正常性生活中得不到满足而发病。不管是在哪种情况下，力比多都像是受阻的河流，只能流向干涸已久的支流。同理，精神神经病患者的强烈的性变态倾向虽然是消极的，却也只能通过这种方式释放力比多。事实上，一个人之所以会出现性变态行为，其内在因素是受到了性压抑，外在因素是自由受到了限制，无法得到正常的性对象及正常性行为有危险性等，否则他也可以是个正常人。

由此可见，在不同的神经症案例中患者的情况也各不相同，有些人天生就具有性变态的倾向，有些则由于力比多过于偏离正常性目的和性对象才会误入歧途转向性变态。将事实上相互合作的两种力量看作是对立的是不可取的。如果一个人天生具有神经症倾向，又遭遇了外部环境因素的助力，那无疑会遭遇神经症的发病；但当这种倾向极其明显时，即使没有外部环境因素的助力，也会令人脱离正轨；或即便一个先天正常的人，如果在实际生活中遭受了强烈刺激，也会患上神经症。（这种观点恰好也可以用来解释同样受到内因和外因影响的其他疾病。）

然而，如果你还是愿意认为精神神经症体质的人更容易出现性变态倾向，那我们应该也可以根据先天快感区或组元本能的差异来判断个体的神经症体质类型。但如同该领域的其他问题一样，性变态是否真的与某种神经症类型有关，目前尚未察明。

七、幼儿的性欲特征

一旦证明性变态冲动在精神神经症症状中所具有的作用，那被我们称为性变态者的人数就要大幅增加了。不仅是因为神经症患者本身人数众多，还由于神经症患者的所有表现都被认为与正常人无异，正如莫比斯（Moebius）所说，在某种程度上我们所有人都有些神经质。因此性变态的这种普遍性不免让我们认为性变态本身并不是什么很少见到的事，甚至还是正常体质的一个组成部分。

由此可见，性变态到底是天生的，还是如比纳（Binet）在论述拜物教时所认为的是由一次偶然经历所引起的，这是一个饱受争议的问题。现在我们认为，性变态确实存在一定的先天性，这种天生的性变态倾向人人皆有，只是强弱程度不同，且会受现实生活的影响而强化。我们仍需讨论的是性本能的先天性问题。在某些案例（性变态）中，性本能的先天性会付诸实践，而在另一些案例中，人们无法有效地压抑这些性本能，因此只能另辟蹊径，将相当一部分的性本能转化为病的症状。而在这两种极端形式之间还存在着一种最佳状态，即通过有效控制和利用性本能而获得正常性生活。

然而，我们还要指出，我们所设想的这种蕴含着所有性变态基因的先天体质，只能在儿童身上才会有所体现，尽管他们所表现出来的性本能还很微弱。随着我们逐渐意识到神经症患者的性行为仍处在或回归到了幼儿时期的状态，我们的兴趣点也自然就转向了儿童性生活。下面我们会继续追踪幼儿性发展的轨迹，探寻幼儿性本能是如何让他们发展为性变态、神经症或过上正常性生活的。

第二章
幼儿性欲

对幼儿期的忽视

有关性本能，大众普遍接受的观点是，儿童期是不存在性本能的，性本能直到青春期才开始出现。然而，这种观点不仅是一个谬误而且还造成了严重的后果，导致我们目前对性生活的基本规则一无所知。对儿童性问题的研究无疑将有利于我们了解性本能的基本特征、发展轨迹及其构成要素。

我们注意到，许多学者在解释成年人的特征和反应时，过于关注人类祖先生活的史前时期，把一切都归因于遗传，但却忽略了个人生活的“史前时期”——童年。可以肯定的是，童年时期的影响更易被人理解，也比遗传因素更值得被关注。① 尽管在相关文献中我们偶尔也会读到儿童早期出现的诸如勃起、手淫，甚至是类似性交的早熟性行为的记载，但这些行为一直被当作是奇闻逸事或是骇人听闻的堕落行为。据我所知，目前尚无学者明确指出儿童期性本能的存在，在有关儿童发展的相关著作中，“性发

---

① 在没有弄清楚童年期的作用之前，是无法对遗传因素的作用做出判断的。［1915 年增注］

展”这一章也通常都被一笔带过。[①]

对幼儿期的遗忘

人们之所以会忽视儿童期的性问题，我想一方面是由于这些学者在成长过程中所受的教育令他们对这一问题有所顾忌，一方面是由于某种心理现象而对这一问题有所回避。我认为是对儿时经历的独特的遗忘，虽然并非所有人，但对大部分人来说，都记不清六或八岁前发生的事，我们似乎应该对此表示好奇，但迄今为止无人诧异于这种独特的遗忘现象。通过对他人的观察我们发现，人们对于早期儿时经历的记忆仅仅是一些模糊不清的片段，从这时起我们开始对自己的感受做出积极的回应，像个真正的人一样表达自己的喜怒哀乐，我们开始表现出爱和嫉妒，并对自己

① 以下的论述未免有些大胆，为此我查遍了相关文献以确保论述的准确性。考证后的结果是，我认为这一结论无须修改。学界对童年期性活动的生理和心理因素的科学研究才刚刚起步。一位名叫贝尔（Bell）的学者写道：“我还没有见过哪位科学家认真地研究过青少年的情感问题。”青春期之前生理上的性表现仅仅是在探讨退化现象及作为退化的标志时才引起人们的注意。在我曾读过的有关青春期发展的心理学著作中，没有任何一个章节是专门研究儿童期性生活的，甚至是普莱尔（Preyer，1882）、鲍德温（Baldwin，1893）、普雷兹（Pérez，1886）、斯特吕姆佩尔（Strümpell，1899）、格罗斯（Groos，1904）、海勒（Heller，1904）、苏里（Sully，1895）等名家的著作也毫无例外。但他们的确认为，儿童时期具备爱的能力是一个不争的事实，普雷兹（1886，p. 272）强调了这种能力的存在；格罗斯（1899，p. 326）将其看作是普遍现象：“有些孩子很早就有性冲动，并想要与异性接触”；贝尔（1902，p. 330）发现的“性爱”的最早的例子出现在3岁。此处可参照霭理士（1913，附录B）的著作。

自从霍尔（Hall，1904）的著作出版后，对幼儿性活动无人问津的局面终于打破了。然而莫尔的新作却并没有太大改变。我们还可以参考布洛伊尔的作品。[1910年增注] 此后，海尔姆斯（Hellmuth，1913）充分探讨了被人们忽视的性问题。[1915年增注]

真正感兴趣的事表现出热情。成人通过我们发表的言论断定，我们已经具备了一定的观察力和洞察力。但尽管如此，长大后我们却对此一无所知。为什么我们的记忆会滞后于其他精神活动？其实正相反，我们完全有理由相信，儿童应具备最强的接受能力和再现能力。①

从另外一方面来看，通过对他人的心理学研究我们不得不相信，那些被我们所遗忘的印象在我们的精神世界中留下了深深的烙印并对今后的发展产生了深远的影响。因此，儿时的记忆并不是被真正地抹去了而是被人所遗忘了，这与神经症患者的遗忘行为类似，其本质是压抑童年的印象并将其在意识当中隐藏起来。但到底是什么力量压抑了这些童年期的印象？我想如果解开了这个谜团，我们或许也能对歇斯底里症患者的遗忘症状做出解释了。

同时，我们还发现，对儿时经历的遗忘这一事实令我们能在儿童和精神神经症患者的心理状态间做出比较，在此之前，正如我们所发现的，精神神经症患者的性行为仍处在或回归到了幼儿时期的状态，这一事实已为二者间的相关性提供了一个契合点。那么，对幼儿期的遗忘是不是也与童年期的性冲动有关呢？

此外，幼儿期遗忘与歇斯底里症患者的遗忘间也存在相关性，这可并不只是说说而已。受压抑造成的歇斯底里症遗忘，产生的

① 《在遮蔽性记忆》（1899a）一书中，我曾试图解决一个与童年期早期记忆相关的问题。[亦可参见《日常生活心理病理学》（1901b）第四章。]

原因是患者已经拥有了一段记忆的痕迹，尽管他自己并不自知，但通过联想，这段记忆痕迹会吸引当前的记忆，通过压抑让其被排斥在意识之外。① 因此，可以说没有幼儿期遗忘就没有歇斯底里症遗忘。

我认为，幼儿期遗忘令我们的童年成了久远的史前时代，令我们对自己的性萌芽全然无知，让人们觉得性发展的童年阶段并没有什么重要意义。然而，要扭转这种观点，不能凭一己之力。早在 1896 年②，我就坚持认为，童年时期对与性行为相关的某些重要现象的起源具有重要作用，此后我便不遗余力地强调幼儿期在性发展过程中所扮演的重要角色。

一、童年的性潜伏期及其中断

有关儿童异常罕见的性冲动的报道层出不穷，同时我们还发现神经症患者迄今为止仍保持着对童年期的潜意识记忆，以上种种都为我们描绘出了这样一幅幼儿期性生活开端的图画③：

毋庸置疑，每一名新生儿的体内都具有性冲动基因，但在持续发展一段之后，便逐渐被压制下去了。随着性发育的阶段性加

---

① 如果将这两个过程分裂开来，我们就无法理解心理压抑的作用机制。这种情况就类似于旅游者攀登吉萨金字塔，必须一边推一边拉才能成功［参见弗洛伊德《压抑》(1915d) 一文］。［1915 年增注］

② ［见《歇斯底里症病因学》的第一部分的最后一段 (1896c)。］

③ 我们能够参考这些材料的根据是，神经症患者与正常人的童年生活并无本质上的差异。只不过是现象的强度和清晰度有所不同。［1915 年增注］

速或个体特征的出现，这种压抑终究会被打破。对于这一发展过程的规律性和阶段性我们还一无所知，然而，儿童的性生活似乎在三四岁左右便可被观察到了。[①]

性压抑

正是在整个潜伏期或部分潜伏期中，才发展出了后来犹如堤坝一样能够抑制性本能（诸如厌恶感、羞耻感、审美及道德标准等）的肆意横流的精神力量。人们认为这些精神力量的构筑是受教育的结果，诚然，教育对此功不可没，但事实上，这是由遗传所决定的机体发展的必经之路，即便没有接受过教育，人类也能发展出这种精神力量，如果教育能够顺应机体发展的需求，则会令这股精神力量变得更为清晰有力。

---

① 我相信在解剖学上同样能够找到与幼儿性功能相类似的发展过程。拜耶（Bayer，1902）就曾发现新生儿的内生殖器官（如子宫）要比年龄稍大些的儿童的还要大。哈尔班认为，这是生殖器官在出生后逐渐退化的结果，但暂时尚未找到能够解释这一退化现象的佐证。哈尔班还发现，这种退化现象在婴儿出生后的数周内就终止了。[1920年增注]

那些认为性行为主要是由性腺细胞决定的权威专家们，在解剖学研究的影响之下，也承认了幼儿性活动及性潜伏期的存在。下文我将引用李普什舒兹（Lipschütz）书中的观点（1919年，p.168）："我们认为，在青春期完成的性成熟，更准确地说，是在更早期的发展历程中就已经开始加速了，我甚至认为这开始于胚胎时期。""我们所认为的青春期，或许应该称之为青春期发展的第二阶段，它开始于十五六岁时期……童年期就是从出生到十五六岁的这个时期，是青春期的中间阶段。"费伦茨（1920）在一篇李普什舒兹的书评中发现了人类发展在解剖学和心理学上是保持一致的。但他认为，性器官发育的"第一次高峰"出现在胚胎时期，而儿童性生活的高速发展则出现在三到四岁的时候。当然，我们不能期望心理上的发展与生理上的发展完全步调一致。此类研究主要以人类的性腺为研究对象，因为动物并不存在心理学上的潜伏期，所以我们也无从知晓其他高等动物是否也存在性发展的两次高峰。

反向作用与升华作用

精神力量的构筑对于受过教化的正常人的个人发展至关重要，但这些力量是如何形成的呢？它们也许以幼儿期的性冲动为代价。因此，即使在潜伏期，性冲动活动也没有停止，只不过其全部或大部分能量都从性目的转向了其他目标，这个过程应该被称为“升华”，此外，这一始于儿童性潜伏期①的升华过程同样对个体发展产生作用。

由此我们可进一步形成有关升华作用机制的一些观点。一方面，由于生殖功能尚未发育成熟，这也是性潜伏期的主要特征，性冲动在童年期便无用武之地；另一方面，这些性冲动本身似乎是反常的，它们源自快感区和本能，但对个体发展来说却只能带来令人不悦的感受，因为，为了有效抑制这种不快，它们唤醒了反作用的精神力量（反向冲动）来铸造起我在前文中提到的厌恶感、羞耻感和道德伦理的心理堤坝。②

潜伏期的中断

诚然我们对幼儿性潜伏期的观点还仅仅是一些猜测，论述也不够清晰，但我们有理由相信对幼儿性欲的利用只是教育者的理想，事实上个体发展在某些方面甚至在很大程度上都与这

---

① “性潜伏期”一词也源于弗里斯。

② 在目前这种情况下，性冲动的升华作用是通过反向作用的途径进行的。但一般而言，这两个过程是彼此独立的。除了反向作用以外，还存在一些更简单的升华作用机制。[有关升华的进一步讨论参见弗洛伊德《论自恋》（1914c）的第三部分及《自我与本我》的第三、四、五章（1923b）。][1915 年增注]

一理想有所偏差。有时一部分性活动会挣脱升华过程，有时性行为在整个性潜伏期都蠢蠢欲动，直到青春期才会强势崛起。凡是注意到了幼儿性欲的教育学家，似乎都赞成我们的观点，即道德防御力量的构筑要以牺牲性活动为代价，并且他们似乎都认为儿童性活动是无法被教化的：他们指责儿童性活动，将其看作是一种恶习，并对此感到无能为力。然而，我却觉得有必要对这种被教育界诟病的现象加以研究，以期对揭露性本能的本来面目有所帮助。

二、幼儿性欲的表现

吮吸现象

基于下列原因，我认为吮吸现象[①]（或感官上的吮吸）是很典型的一种儿童性欲表现，匈牙利儿科医生林德纳（Lindner）在1879年也曾对此有过深入研究。

吮吸现象在婴儿期就已出现，可能会持续到成年或甚至终身与这种习惯相伴。这种现象是指用嘴（或嘴唇）反复有规律地吮吸某种物体，当然这并不是为了汲取营养。嘴唇、舌头或是触手可及的皮肤，甚至是大拇指都可能成为婴儿吮吸的对象，与此同时，婴儿还显现出了抓取本能（grasping-instinct），他们会以相同的节奏抓取自己的耳垂，或是他人的某个身体部位（通常都是耳

① [英语中几乎没有与德语词“lutschen”“ludeln”及“wonnesaugen”相对应的词。康拉德使用的是“lutschen”；但根据上下文的语境，“suck-a-thumb”及“thumb-sucking”似乎比本章的含义要窄。]

朵）以此来获取同样的满足感。吮吸需要幼儿对此全神贯注，这可能会令其昏昏欲睡或引起类似性高潮的反应。[①] 吮吸现象通常还伴随婴儿对身体敏感部位的抚摸，如胸部或外生殖器，由此许多儿童便从吮吸转向了手淫。

林德纳本人清楚地认识到吮吸现象的性欲本质，并毫无保留地指出这一点。[②] 在保育园里，吮吸通常被认为是孩子的性“顽皮”行为。这种观点遭到众多儿科医生和幼儿专家的抨击，部分原因是他们混淆了性和生殖器的概念，他们的异议提出了一个无法回避的难题：什么才是儿童性欲表现的基本特征呢？在我看来，精神分析已使我们明晰了各种现象之间的联系，同时我们认为吮吸拇指是儿童的性欲表现，并可借此发现幼儿性行为的根本特征。[③]

---

① 由此可见，无论在儿童早期还是终其一生，性满足都是最好的安眠药。许多神经性失眠都是由于性生活没有获得满足造成的。正如我们所知，有些无良保姆会通过抚摸孩子的生殖器帮助其入睡。

② ［这一段补充于 1915 年，在 1905 和 1910 年的版本中，此处内容被描述为：“观察者们对这种行为的性本质都深信不疑。”而成年人关于儿童性行为的理论却令我们陷入了困境。例如，莫尔（1898）将本能划分为消除肿胀欲（detumescence）和肉体接触欲（contrectation）两种。前者并不适用于此，而莫尔认为后者出现的时间比前者晚，并指向他人，因此难以辨别。在 1910 年版本中，此处脚注是为了补充说明被删除的这段中的第一句话：“只有莫尔是个例外。”］

③ 格兰特博士在 1919 年发表了一篇名为《吮吸》的文章，讲述了一名成年女性从未放弃幼年时期的性生活的故事，她认为吮吸所带来的满足感完全可以与性生活相媲美，尤其是与情人热吻时。“并非所有吻都可以被称为吮吸——不，不，绝对不是！当你吮吸时，遍布全身的那种感受不可名状，它会令人飘飘欲仙，感到绝对的满足，甚至令人不再对其他快乐有所奢求。这是一种奇妙的感觉，此刻你只想享受安静——永远不受打扰的安静。这种感觉的美妙之处难以言说，没有痛苦也没有哀愁，整个人仿佛已置身于另一个世界。”［1920 年增注］

自体享乐

我们有必要对这一现象做深入研究。可以肯定的是，这种性行为的显著特征是其冲动对象并非指向他人，而是从自身获得满足，霭理士（1910）更愿意将这种行为称作“自体享乐”[①]。

此外，很显然儿童沉迷于吮吸拇指的行为是为了找寻曾经体验过且被铭记的某种快感，最简单的方式就是通过有规律地吮吸部分皮肤或黏膜来获得满足。我们不难猜测孩子最初是在怎样的情形下体验到了这种愉悦，那应该是孩子有生以来第一次也是最重要的一次体验，通过吮吸母亲的乳头或其替代品，孩子便熟悉了这种感觉。在我们看来，孩子的嘴唇就如同一个快感区，温热的乳汁从此流过无疑会令其感受到愉悦。最初，快感区的满足与食欲的满足是一同实现的，因此，性行为最初的功能是维系生命，之后才自立门户[②]，如果你曾见过一个婴儿在饱餐后被抱离母亲的乳房时那满意的神情——双颊绯红，满脸笑意地进入梦乡——你便会联想到成年人在获得性满足后的典型表情。只是现在不断重复性满足的需要必然要从进食需求当中独立出来。当牙齿萌出后，吮吸的进食方法就可以被咀嚼所取代。幼儿已不再将他人身体作

① 事实上，霭理士所说的“自体享乐”与我们的理解有所差异，它指来自内部而非外部的一种兴奋。精神分析学说认为，最重要的不是兴奋的来源，而是与性对象之间的关系。[1920 年增注]

[在 1920 年之前的版本中，此处表述为：然而，霭理士已经违背了他在采用这一术语之初的本意，因为他认为歇斯底里症和手淫行为都属于“自体享乐”行为。]

② [这句话增补于 1915 年，见弗洛伊德《论自恋》一文的第二部分（1914c）。]

为吮吸对象，而更倾向于自己的某部分皮肤，因为相对于难以控制的外部世界，吮吸自己的皮肤会更加方便。同时，皮肤也成了幼儿的第二快感区，尽管功能略逊一筹，但正因为皮肤不能给人带来最优的感官享受，因此日后终会被他人的嘴唇所取代（正如这句话所说："实在可惜，我亲吻不到自己的嘴唇"）。

并非每个孩子都有这样的吮吸行为，只有那些唇部敏感的孩子才会如此。如果这种敏感一直保持下去，孩子在成年后将成为一位接吻高手，甚至会亲吻同性。如果是男孩，则极有可能养成吸烟和酗酒的恶习。然而，若吮吸行为受到压抑，他们也可能出现厌食或歇斯底里般的呕吐。由于嘴唇既是接吻区域又是进食的器官，因而对吮吸的压抑也会对食欲造成影响。许多[①]患有进食障碍、歇斯底里式塞喉症、窒息和呕吐症的女性，在童年时期都曾沉迷于吮吸行为。

通过对吮吸或感官吮吸现象的研究，我们认识到了幼儿性欲表现的三个基本特征：

（1）最初，吮吸行为是人类最重要的身体功能之一。[②]

（2）此时还没有性对象，因此是"自体享乐"。

（3）它的性目的直接受控于快感区。

我们暂且认为这些特征也同样适用于其他大部分的幼儿性行为。

---

① ［只有在第一版本中，此处的"许多"被描述为"全部"。］

② ［此处于1915年新增。此前的各版本中，作者都只描述了"两个"特征。］

三、幼儿性欲的性目的

快感区的特征

吮吸行为的例子让我们对快感区有了更深的了解。快感区就是在某种刺激下能够产生特定快感的某部分皮肤或黏膜。无疑产生快感的刺激要受控于某种特殊条件，尽管我们还不知道是哪些特殊条件。但可以肯定其中之一必然是类似挠痒痒般的节律性，至于因刺激产生的快感是否具有特殊性，是否是由性因素所引起的则不太确定。心理学对快感和不快的研究仍存在许多盲点，因此我们有必要在研究时谨慎前行，也许未来我们会发现快感具有特殊性这一事实的理论依据。

某些身体部位的快感区尤为明显。从吮吸的例子当中我们发现，有些部位天生就是快感区。然而，我们还发现其他部位的皮肤或黏膜也能承担快感区的角色，因此它们也必然是先天具备这种能力的。刺激强度与它所产生的快感的联系，比其用在身体的何种部位更为紧密。喜欢吮吸的儿童会在自己的身体当中搜寻出想要吮吸的部位，而日后他也会习惯于将这一部位作为吮吸对象，如果他碰巧寻找到了一个先天快感区（如乳头或性器官），那必然会成为他未来长期钟爱的吮吸对象。我们在歇斯底里症的临床表现中也发现了与之类似的可转移性。在这类神经症中，患者本身的性器官受到了抑制，其敏感性被转移给了其他快感区（通常是一些被成年人忽视的部位），而性器官的功能也随之被转移了。另外，与吮吸的情况类似，其他身体部位也能获得与性器官相同的敏感性而成为快感区。快感区与歇斯底里症发病区具有相同的特征。[1]

幼儿的性目的

幼儿性本能的目的，是通过刺激特定快感区以获得性满足。这种满足感必然是其曾经经历过的，幼儿总是想要重复这种体验。我们祈求大自然对此已做出妥善安排，否则要获得这种满足感就只能靠运气了。[2] 通过上文我们已经了解到唇部通过进食也能够获得性满足。之后我们还会遇到其他类似的情况。想要重复满足感的需求表现为以下两种方式：一种是表现为某种奇特的紧张感，更多的是带着一种不悦；另一种是将根植于神经中枢的发痒或刺激感扩展到边缘快感区。因此我们也可以从另一个角度来看待性目的：以外在刺激替代扩展到快感区的刺激，并通过制造性满足来消除这种刺激。此类外在刺激通常与吮吸行为类似。[3]

---

① 经过更多的思考和观察后，我发现身体的各个部位和内脏器官都具有成为快感区的潜质。具体可参见《论自恋》一文。［1915 年增注］

［仅在 1910 年的版本中，此处的脚注是："阿德勒（1907）曾就与快感区假设有关的生物学问题参与了讨论。"］

② 在有关生物学的讨论中，很难避免目的论式的思考方式，虽然我们清楚地知道，在某些情况下这会令我们得出错误的结论。［1920 年增注］

③ ［一种性欲是如何在"满足的经验"之上产生的，这仅仅是弗洛伊德愿望机制这一理论的特殊应用。《释梦》第七章的 C 部分对这一理论做出了解释（1900a，标准版，第 5 卷，p. 565）。在此之前，这一理论就已初具形态。见《科学心理学设计》（1950a，附录，第一部分），此书在弗洛伊德去世后出版。两处都以胸前的婴儿为例。《论否定》一文讨论了这一主题与弗洛伊德的"现实性检验"相关的全部内容（1925h）。］

事实上，通过改变快感区，也可以在边缘区唤醒性需求，这与我们的生理学知识不谋而合。为了消除一种刺激，你需要在同一区域引入新的刺激，这多少让人觉得有些匪夷所思。

四、手淫的性表现[①]

令人感到欣慰的是，一旦我们明白了某一特定快感区的性本能的本质，了解儿童性行为对我们来说也就不算是什么难事了。不同快感区之间最明显的区别就在于各自会采取不同的方式来满足性需求，如唇部快感区会采用吮吸来获得满足，而其他快感区则会根据各自的位置和特点而采取其他类型的肌肉动作。

肛门区活动

与嘴唇区类似，肛门区在位置上也恰巧为它的性活动与其他身体功能搭建了桥梁。我们可以想象肛门区起初是极易引发性欲的。通过精神分析我们又惊奇地发现，对肛门区的性刺激可引起身体上的变化，并且这一区域一生都可对此类刺激保持很强的感受性。[②] 肠胃不适在儿童期非常普遍，这就使得肛门区从不缺少强烈刺激。正如人们所说，孩子如果从小就患肠胃炎便会变得神经

---

① 尽管有关手淫的文献极其丰富，但其中大部分作品都没有将核心问题剖析清楚，以罗赫利德（Rohleder，1899）的作品和 1912 年出版的《维也纳精神分析学会研讨集》为例。尤其是弗洛伊德本人对这一问题的观点（1912f）。［1915 年增注］

② 参见拙作《性格和肛门性欲》（1908b）。［1920 年补加］另参见《论肛门性欲的性冲动转换》（1917c）。［1910 年增注］

兮兮的，而成年后，肠胃炎也会对神经症患者的症状产生巨大影响，这都与肠胃不适有关。如果肛门区在经历了各种各样的不适后仍具有引起性欲的能力，那么古代医学曾认为的痔疮会对神经症造成重要影响也并非是没有道理的了。

孩子通过控制排便来充分发掘肛门区的性快感，他们常常会等到粪便堆积引起强烈的肌肉收缩时才去排便。当粪便通过肛门的一瞬间又会对肛门黏膜产生强烈刺激，这一过程无疑是痛并快乐着的。如果孩子顽固地拒绝看护人下达的如厕指令而更愿意根据自己的需求控制排便，这也许是其未来怪癖或神经质的最明显征兆。当然孩子并不想把床铺弄脏，他只是不想错过与排便过程相伴的快感，在这个意义上，教育学家说这些拒绝排便的孩子是“下流的”也是不无道理的。

肠道排泄物既是对肛门黏膜敏感区的刺激[①]，同时也像是另一个将在儿童期后才会发生作用的器官的前身。但对婴儿来说，它们还具有其他重要意义。很显然婴儿将排泄物看作自身的一部分，是他们的第一项“天赋”：将其排出体外意味着对周遭环境的顺从，拒绝排便则意味着反抗。这项“天赋”之后又有了“生孩子”的含义，因为根据儿童对性的认识，他们认为孩子是通过吃东西才怀上的，之后再从肠道生出来。

起初，孩子有意控制粪便的排泄是为了刺激肛门区以达到手淫的目的，或是以这种方式对看护人进行反抗，这也是为何神经

① ［本段增补于1915年，其内容已扩展为上一脚注中所提及的论文（1917c）。］

症患者普遍易患便秘。因此，肛门区的主要意义就体现在，几乎所有的神经症患者都有着特殊的排便习惯，只是他们都小心保守着这个秘密仪式。①

事实上，由于中心或边缘快感区瘙痒感的作用，孩子会通过手指对肛门区进行手淫，这种现象即使在年龄稍大的孩童当中也并不少见。

生殖区活动

在儿童体内的众多快感区当中，有一个区并非位列第一，也不是早期性冲动的载体，但在未来却注定具有举足轻重的地位。无论是男童还是女童，其生殖器的一部分（龟头、阴蒂）都与排尿有关，之前它们被包裹在黏膜囊当中，因此不免要受到黏膜分泌物的刺激，进而引发早期性冲动。快感区的性活动是性器官活动的一部分，也是未来“正常”性生活的开端。生殖区的生理构造导致生殖器总是浸泡在分泌物当中，孩子的沐浴过程又不免令生殖器受到冲洗和摩擦，再加上时不时的外界刺激（如蛔虫在女孩体内蠕动）都必然会让孩子（即便是在婴儿期）感受到来自这

---

① 安德烈斯-萨罗姆（Lou Andreas-Salome，1916）发表过的一篇论文，令我们对肛门性欲的意义有了更加深刻的理解。文章指出，孩子们第一次被禁止从肛门性活动中获得快感，会对孩子此后的性发育产生深远的影响。这是他们第一次感受到周遭环境对他们的性冲动的敌视，因此他们学会了将自己与环境隔绝开来，并开始压抑自己的性快感。此后，凡是与“肛门”有关的便都成了为人所不齿的事物的象征。人们总是坚持将肛门性行为与生殖器性行为区别开来，这与二者在生理结构和机体功能上的相似性是矛盾的。事实上，生殖器一直与泄殖腔紧密相连，“在女人身上，它甚至是泄殖腔的一部分。”［1920 年增注］

一区域的快感，也令他们产生了想要重复这种快感的需求。如果我们逐一考察各种刺激生殖器的手段，就会发现它们最终都会引发性冲动，即使是要对其进行清洁，其结果也还是会殊途同归，因而我们不免得出这一结论：婴儿期的手淫几乎无人幸免，同时奠定了生殖区在未来性生活中的首要地位①，孩子要想消除性刺激获得性满足，既可以用手摩擦或按压生殖器，也可以通过夹紧双腿，后者多被女孩采用，男孩则更倾向于手淫，这也印证了成年男性在性行为中具有较强的控制欲②。

为了让大家对这一问题的理解更加清晰，我将幼儿期手淫分成三个阶段③：第一阶段是婴儿期，第二阶段是在四岁左右出现的一段短期的性活动频繁期，而第三阶段就是我们所熟知的青春期手淫期。

---

① ［在1905年和1910年的版本中，这句话的后半部分表述为："自然界令幼儿早期的自慰活动为快感区的性活动打下了坚实基础，人人如此，这一点我们无法忽视。"1912年，维也纳精神分析学会就这一问题展开讨论，支持幼儿普遍存在自慰现象的观点遭到了赖特乐（R. Reitler）的强烈反对。弗洛伊德在讨论中承认自己所用的词语是不恰当的，并试图在之后修改。本章所采用的词句就更改于1915年。］

② 在成年后仍保存着花样繁多的自慰技巧这一点，说明手淫禁忌虽可以被克服，但还是对人造成了深远影响。［1915年增注］

③ ［此段补充于1915年。在1915年的版本中，同时还补充了下一段落的标题并在第二句中增补了括号里的内容"通常在四岁之前"。此外，在本段的第一句话中，用"很快"代替了1905年和1910年版本中的"在潜伏期"。最后，在最初的两个版本中，下一段均以"在童年期（还无法确定其生理年龄），幼儿的早期性兴奋复苏了"这句话来开篇。1915年所做的所有修改目的都是为了更明确地区分幼儿性活动的第一阶段和第二阶段，并进一步确定第二阶段出现在"四岁左右"。］

幼儿期手淫的第二阶段

幼儿早期的手淫并不会持续太久，但也有人会一直持续到青春期，这背离了文明人的追求，可算是历史上被文明人所诟病的首次变异。哺乳期过后，通常在四岁之前，生殖区的性本能往往会再次苏醒，并将持续一段时间直到被压制下去，也可能在没有任何障碍的情况下继续发展下去。幼儿性行为的第二阶段表现形式因人而异，我们只能具体情况具体分析。但这一阶段的所有性行为均会在个体的记忆当中留下深刻印象（潜意识），如果是正常人，这将决定他的性格发展，如果是在青春期后患上神经症的病患，这将决定他的症状类型。① 在后者当中，我们发现这一阶段将在患者的记忆当中被完全抹去，取而代之的是一些见证了这个阶段发展的（与本阶段有关的）有意识的记忆。（此前我曾提到过，幼儿期遗忘与幼儿性行为有关）精神分析能令我们记起已被遗忘的过去，并进而消除由潜意识心理材料所引发的强迫症症状。

哺乳期手淫的回归

在我们目前所探讨的儿童期，会再次出现哺乳期的性兴奋现象，它要么集中体现为只有通过手淫才能获得满足的瘙痒感，要么表现为在本质上与遗精类似的行为，与成年人的遗精相同的是，它们都不需要主体付诸任何行动便可获得满足。后

---

① 正如布洛伊尔不久前指出的那样，神经症患者的负罪感通常与青春期手淫活动紧密相连，但这一点还需进一步分析论证。[1920 年增补]

最根本的因素还在于：手淫行为是婴儿期性活动的外在表现，因此与其相关的负罪感也一并承袭了下来。[1915 年增注]

者在女孩身上更为常见，尤其当她们进入童年后期时，虽然我们还没有完全了解这一现象的原因，但其似乎是受到了儿时频繁手淫的影响（尽管并非总是如此）。这些性行为并不明显，因为性器官发育尚不成熟，大部分性行为都由作为性器官代理人的泌尿系统来完成，在这一时期，大部分被我们称为膀胱失调的现象都是性欲受阻的表现，而遗尿如若不是因为癫痫发作，那就是因为遗精了。

哺乳期性行为的再现既有内因也有外因，且均在神经症症状的考察中和精神分析的研究中有所体现。我暂且先将内部因素搁置一边，在这个阶段，偶发的外部因素也会对未来产生深远的影响。前文中我们探讨了诱导的影响，即孩子在尚未成熟时就被当作性对象，并被教导如何从生殖区获得性满足，这种满足感令他们无法忘怀以至其忍不住地要一而再再而三地通过手淫的方式来重获性满足。这种影响可能来自成年人，又或者是来自于其他儿童。我并不认为自己在《歇斯底里症病因学》（1896c）一文中高估了这种影响的频率和重要性，虽然当时由于我不了解某些正常人在童年时也有过同样的经历，因此将诱导看得比其他性行为和性发展都更加重要。[①] 显然，诱导并不是唤醒儿童性生活的必要因

① ［对这个问题的详细论述可参见弗洛伊德论性活动在神经症形成中的作用的第二篇论文（1906a）。］霭理士（1913，附录 B）罗列了许多人对自己在童年期的第一次性冲动及诱因的自述。但这些报告忽视了一个重要事实，即幼儿时期遗忘的存在。因为已被遗忘，所以只有通过对神经症患者进行精神分析才能弥补丢失的信息。但这些报告仍具价值，正如我在文中提到的，这些自述修正了我对神经症病因的一些假设。

素，内在因素也会很自然地引起儿童的性觉醒。

性变态的多样性

在诱导的影响下，儿童可出现多种性变态行为，并有可能引发多种性行为偏差，这一事实令人深受启发。因为这就说明孩子与生俱来就具有性变态的倾向。之所以性变态倾向能够如此顺利地得以实现，要么是由于与过度性需求相抗衡的羞耻、厌恶和道德感的精神堤坝还未开始兴建，要么是由于孩子的年龄原因，堤坝尚处于建造之中。在性变态的多样化倾向方面，此时的孩子与那些未受教化的普通妇女并无二致。正常情况下，她们的性行为表现与常人无异，但如果在经验老到的诱导者引诱她们尝到了性变态的滋味后，这种行为就将成为她们性生活中的保留曲目。由于职业原因，妓女也同幼儿一样发展出了多样化的性行为。妓女以及虽没有从事这个行业但却具有这种倾向的人群数量如此庞大，令我们不得不承认，各类人群都具有的性变态倾向是一种重要且普遍的性特征。

组元本能

此外，诱导并没有帮助我们揭开性冲动早期发展史的本来面目，反而令我们对此更加迷惑了，它向未性成熟的儿童展示性对象，而此时儿童的性冲动并没有这样的需求。然而，我们必须承认，儿童的性生活尽管主要集中在快感区，但也有某些部分在最初就将他人视作性对象。例如窥视、暴露和暴力冲动，这些冲动与快感区完全无关，它们只有当人发育到一定阶段后才会在性生活中体现出来[①]，但此时在儿童阶段，它们作为一种独立于快感区的倾向已初露端倪。幼儿基本上是没有羞耻感的，在儿时的某些阶段他们明显乐于展示自己的身体，尤其是性器官。与这种变态倾向相对的是他们同时拥有要窥视他人性器官的好奇心，这种好奇心可能要到童年后期才会表现出来，到那时业已建立起来的羞耻感会对其构成障碍。[②] 在诱导的影响下，变态的窥视行为可能会对儿童性生活产生重要影响。但通过对正常人与神经症患者童年的研究，我得出了这样一个结论，即窥视也可能是儿童的一种自发性行为。幼儿一旦注意到了自己的性器官——通常都是通过手淫——往往就会在没有外力协助的条件下采取进一步行动，并对玩伴的性器官也产生浓厚的兴趣。唯有通过观看他人排便才能窥到对方的性器官，满足此类好奇心，因而这类孩子就会转变为窥淫狂，极其热衷于观看他人排尿和排便的过程，当压抑这种倾向的机制建立以后，想要窥视他人性器官的欲望（同性或异性的）便会令其感到痛苦，但是却无法摆脱，在某些神经症案例中，这成了导致患者患病的主要原因。

儿童性本能中的暴力因素更是与快感区的性活动无关。儿童

---

① ［在这一版本中，“性”的原文为“genital”，在1905年和1910年的版本中使用的是“sexual”。］

② ［在1905年的第一版中，这句原文为：“相反……的参与直到后来才出现，当……”在1910年，增加了“可能”。在1915年的版本中，将“参与”改为“明显表现”。在1920年的版本中，“后来”之前又加了“稍”。在《释梦》第五章第四节中，弗洛伊德更加详尽地阐述了裸露问题（标准版，第4卷，p. 224）。］

的性情通常很容易变得残暴，因为能够抑制这种要令他人感到痛苦的本能的控制力——美其名曰“同情心”——发育相对较晚。据我们所知，目前对这一本能还没有做出过令人满意的精神分析，我们可以假设儿童的暴力倾向源自他们的控制欲，在性生活的某个阶段，当性器官还没有能力承担起其应有的责任时，暴力倾向就暂为取而代之了。我们将由暴力倾向主宰的这个性阶段称为“前性器组织”。① 那些对动物和同伴异常残暴的儿童往往都经历过像成人般的强烈的快感区性活动，虽然所有的性本能都表现为成人般的性早熟，但快感区性活动却是其最重要的标志。如果没有同情心对其加以阻碍，那么就会出现危险，即童年期的残暴倾向与快感区性本能所建立起来的紧密联系即使在成年后也很难被割裂，自从卢梭的《忏悔录》问世以来，所有的教育学家都认识到，打孩子屁股而对其皮肤造成的疼痛刺激是暴力本能被动形式（受虐狂）的快感来源之一，教育学家还得出这一合理结论，即不应对任何一个孩子进行诸如打屁股之类的体罚，以防止

① ［最后两句出现于 1915 年的版本中，在 1905 年和 1910 年的版本中，此处写道：“也许可以这样假设：暴力的冲动并非源于性本能，但由于在解剖学意义上的接近，也许在早期就已经与性活动结合在一起了。”］然而，经验表明，性发展与窥视和暴力的本能是相互影响的，但也因此制约了彼此的独立发展。

孩子的力比多被日后的文化教育引入歧途。①

五、儿童的性研究

求知本能（The instinct for knowledge）

在儿童三岁到五岁期间，他们的性生活达到了第一次巅峰，与此同时，孩子的求知欲和探索欲也开始显露出来。求知欲既不是构成性本能的一部分，也不能说与性欲毫无关系。一方面，它可以被看作是控制欲的升华；而另一方面，它受到了窥视欲的驱动。然而，求知欲与性生活之间具有紧密的相关性，通过心理分析我们得知，孩子在儿时就对性问题有强烈的求知欲，时间之早出乎人们意料，且事实上，求知欲有可能就是由性问题引起的。

狮身人面像之谜

孩子对事物进行探索并不是出于理论上的兴趣，而是出于现

---

① 在1905年的版本中，我对幼儿性欲的论述以精神分析对成年人的研究为依据。当时，还没有可能开展对孩子的直接观察，因此有价值的证据所得甚少。此后，我通过对儿童神经症患者的研究更加直接地观察了幼儿的性心理。令人高兴的是，直接观察的结果与精神分析的结论完全吻合，这也从另一个角度证明了这一方法的可靠性。此外，《对小汉斯的分析》（1909b）也为我们提供了一些精神分析尚未发现的信息，例如性的象征化，即用一个与性无关的对象来替代性对象的做法，这甚至在牙牙学语的时期就已经出现了。此外，我还意识到了有关这一问题还需要补充的一点是：为了清楚地表达，我将自体享乐和对象之爱两个阶段明确地区分开来，好像它们出现在不同的时间段。但无论是上述的分析还是贝尔的发现，都表明儿童在三到五岁之间就能清楚地选择对象，并伴有强烈的情感。[1910年增注]

[然而在1910年的版本中，该脚注后面的文字为："文中尚未提及的童年性生活的另一方面包括儿童的性研究，引导儿童行为的性理论（有关这一问题的论文，1908c），这些理论对神经症的重要作用、对幼儿探究的结果以及与幼儿智力发展的关系。"]

实的需要。当儿童发现或怀疑有另一个新的孩子出现时，他们的存在感就会受到威胁，因为他们害怕自己受到的关心和爱护被他人夺走，并因此变得敏感不安。求知欲最初关注的问题并不是两性间的差异，而是孩子是从哪儿来的（虽然略有不同，但我们很容易就可以发现这与狮身人面像所提出的谜语完全是一回事）[①]，恰恰相反，两性差异根本没有令孩子感到困惑，男孩们理所当然地认为他所认识的所有人都具有和他一样的性器官，他们无法想象有些人是没有这个东西的。

阉割情结和阳具崇拜

男孩们对这一想法深信不疑，然而在后来他们通过观察发现事实并非如此，在经过了激烈的内心挣扎（阉割情结）后，他们才最终摒弃了这一看法。而女孩们总是在给她们自认为遗失的阳具寻找替代品，这种行为在很大程度上决定了她们未来性变态行为的表现形式。[②]

在儿童众多意义深远的性理论中，第一个理论假设就是认为所有人类都长着同样的阳具，虽然生物科学已经证明这种想法纯属偏见，女性的阴蒂实际上就是阳具的替代物，但孩子们对这些科学解释并不买账。当小女孩发现男孩的阳具与她们自身的性器

---

① ［之后的作品中，弗洛伊德（1925j）修改了这种说法，女孩并非如此，男孩也并不总是这样。］

② 女孩似乎也同样存在阉割情结。男孩和女孩都认为，女孩本来也是有阳具的，只是被阉割了。当男孩发现女孩没有阳具这一事实后，便会对她们产生歧视。［1920 年增注］

官存在差别时，她们不会像男孩那样拒绝承认事实，而是立即接受并对男孩的阳具产生嫉妒心理，甚至希望自己也能变成男孩，这种愿望将对未来产生深远影响。

生育理论

许多人都清晰地记得，在青春期以前，我们都对“孩子是从哪里来的”这个问题产生过浓厚的兴趣，我们从解剖学角度所找到的答案也是多种多样的：有人认为孩子是从胸部出来的，有人认为孩子是从身体上割下来的，也有人认为孩子是从肚脐眼里钻出来的。[①] 除非深入分析，否则人们很难记得我们在儿时曾对这一问题做过类似的探究。尽管这些探索长久以来都受到了压抑，但人们对这一问题得出的结论在本质上却高度一致：人们是因为吃了某种东西才有了孩子的（正如神话故事里所讲的那样），而后孩子就如同粪便一样从肠道里排出。这些幼儿的性理论使我们想起了存在于动物王国的某种生理结构，尤其是存在于比哺乳动物还要低等的动物身上的泄殖腔。

关于性交的虐待观

有些成年人深信小孩子对性事一无所知，但如果此时儿童目睹了成年人之间的性交，他们就会将其视作某种欺压或是征服之类的行为，令他们觉得这就是虐待。精神分析的研究表明，儿时对这一事件的印象会导致他们在未来偏离正常的性目的，并出现

① 在童年后期，儿童已经拥有了各种各样的性理论，本书仅列举少数几例。[1924 年增注]

虐待行为。此外，孩子们更加关心的还是性交问题——或他们认为的婚姻问题——他们常常想要在与大小便功能相关的日常行为中对此一探究竟。

儿童性探索的典型失败

总体说来，儿童的性理论基于儿童对自身性组织结构的认识，尽管存在一些荒唐的错误，但他们对性行为的理解却已经超乎了人们的想象。孩子能够感知到母亲由于怀孕而出现了异样，并能正确理解这一事件。孩子虽然经常听说仙鹤送子的传说，但他们尽管表面上不说，内心却对此深表怀疑。然而，在性探索过程中始终有两点是他们所不知晓的：具有授精功能的精子和女性阴道的存在。这些组织在儿童身上尚未发育成熟，因此这不仅会令孩子们性探索的努力徒劳无获，而且还会对他们的求知欲造成永久性的伤害。儿时的性探索都是由孩子独立进行的，这是他们作为一个独立的个体迈向这个世界的第一步，同时也令他们疏远了周遭环境中那些之前他们完全信赖的人。

六、性组织的发展阶段[①]

迄今为止，我们所认识到的儿童性生活的主要特点就是自体享乐（例如他们将自己的身体当作性对象），且每一个独立部分的本能在追求快感的过程中都是相互独立的。性发展的最终结果将

① ［完整的论述在1915年的版本中才出现。“前性器组织”这一概念似乎也是在弗洛伊德的《强迫性神经症的倾向》（1913i）一文中首次出现，但那时只讨论了施虐性肛门组织。本节似乎是首次将口唇性组织归于此类。］

孩子引向成人般的正常性生活，即对快感的追求以繁殖功能为目的，组元本能在某个快感区的指导下构成了一个坚固的组织，并在外界性对象身上实现性目的。

前性器组织

在精神分析的协助下，对这一时期的障碍和错乱的研究使我们认识到，组元本能在这一阶段已经形成了一个稳定的组织，一个性王国的雏形。性组织在这一阶段的发展通常都是很顺利的，几乎让人无法察觉，只有在某些病例中它们才变得活跃，也易被人察觉。

我们将生殖器还尚未占据主导地位的性组织称为“前性器组织”。迄今为止，我们已经了解了两类前性器组织，它们似乎都与远古时期的动物形式类似。

第一类前性器组织是“口唇性组织”或被称为“食人性组织”。此时的性活动还没有与进食行为区分开来，两性的差异也并未显现。此时的性目的就是要将性对象变成自身的一部分，因此这两种活动的对象是相同的，这是人类追求的认同感的雏形，对未来人类心理发展具有重要意义。吮吸拇指的行为正是这一阶段组织的残迹，只是在病态条件下才会引起人们的注意。在这个行为中，性活动已经开始与进食活动分道扬镳，自身的身体也取代了外部的性对象。①

---

① 对于成人神经症中这一阶段的残迹，可参见阿伯拉罕（Abraham，1916）的著作。在其另一部著作中，阿伯拉罕对口唇性组织和施虐性肛门组织做出了区分，指出在这两个阶段中对性对象的表现存在差异。[1920 年增注]

第二类前性器组织是施虐性肛门组织。此时，在所有的性生活中都已经出现了男女两性的差异，尽管还不能将它们称为“男性”行为和“女性”行为，而只能说成是“主动”的和“被动”的。这类组织活动主要是受控制欲的驱使，经由肌肉运动来完成的。但同时肛门的快感黏膜又是最具代表性的被动性目的的器官。主动和被动活动都有其各自的性对象，但并不完全相同。除此以外，还有一些组元本能以自体享乐的形式存在。因此在这一阶段，两性的对立和外在性对象都已清晰可见，只是还没有沦为生殖功能的傀儡受其支配罢了。①

矛盾心理

这种性组织形式将伴随人类终生，并对各类性活动具有持久的吸引力。性虐待特征的盛行和肛门区的泄殖腔功能赋予了这类性组织远古的性色彩。而相互对立且成对出现的性本能也几乎发展到了势均力敌的程度，这也是此类组织的另一个突出特征，布洛伊尔将其称为“矛盾心理”，这真是再恰当不过了。

我们对性生活中前性器组织的设想是建立在对神经症的分析基础之上的，否则我们将无从知晓这些性生活的情况。随着研究的进一步深入，或许在未来我们还将会获得更多与正常性功能的结构和发展相关的知识。

为了完善婴儿性生活的整体图示，我们必须要意识到这一点，

---

① 阿伯拉罕在其1924年的著作中指出，肛门由原始胚胎的口腔分化而来，这也为性心理的发展提供了生物学上的证据。［1924年增注］

即对性对象的选择虽然是青春期的典型特征，但却往往受到了童年时期的影响或是在童年期就已形成，也就是说，此时儿童所有的性需求都指向了某一个个体，并希望通过这个个体来实现他们的性目的。这几乎就是他们在童年时期所具备的最接近成年人性生活的形式，唯一的区别在于此时的组元本能还没有结合在一起，而性器官对其还不具有影响力，即便有也是微乎其微。因此性器官将生育作为其首要目的是性组织发展的最终阶段。[①]

性对象选择的两个时期

在性对象的选择问题上，一个典型特征就是其选择过程会分成两个阶段，或者说会出现两次高峰：第一次出现在两岁[②]到五岁之间，于潜伏期结束或是回到原点，其主要特点是对性对象的选择具有幼儿色彩；第二次高峰发生于青春期，并将决定一个人的最终性生活轨迹。

尽管将对性对象的选择分割成两个阶段主要是由于潜伏期的存在所致，但却对一个人之后的性生活造成了极大的困扰。幼儿时期对性对象选择的倾向会在成年后表现出来，它们要么从幼儿时期一直持续下来，要么在青春时期被唤醒。但由于在潜伏期（两个阶段之间）受到了压抑，幼儿时期的对象选择已无法发挥作

---

① 随后在1923年，我对自己的上述看法做出了修正，在前性器组织之后又增加了一个新的阶段。这个阶段虽可称为“性”期，其性追求已经开始向生殖器靠近，但与性成熟的最终组织仍存在根本差异。在这个阶段，孩子只知道一种性器，即男性的生殖器，因此我将其称为阳具崇拜期。阿伯拉罕（1924）认为，它在生物学上可追溯到男女性器尚未分化的胚胎时期。[1924年增注]

② [在1915年的版本中，此处为“三岁”，1920年改为“两岁”。]

用，它们的性目的已有所缓和，因此它们现在成了我们所说的“情潮”。只有通过精神分析研究，才能揭露隐藏在这股爱意、钦佩和尊重背后的是封存已久的幼儿组元本能的性渴望，只是现在这些组元本能已没有什么效力了。青春期的对象选择必须要摒弃幼儿时期的性对象，而以一种“感性选择”重新启程。幼儿期与青春期的对象选择不一致，通常会导致我们理想的性生活状态，即将所有欲望都聚焦在某个单一对象身上的情形无法实现。

七、幼儿性欲的来源

到目前为止，通过我们对性本能起源的探究，我们发现：性兴奋（1）是通过其他组织器官所产生的性满足的再现；（2）是对快感区周围的适当刺激；（3）是某种我们尚未搞清楚的“本能”（如窥视欲和施虐欲）的表现。精神分析研究通过对儿童早期的回溯性研究与对儿童的同步观察相结合，向我们揭示了一些能够引发性兴奋的其他原因。但对孩子直接观察后所采集的数据很容易让人产生误解，精神分析的困难就在于它必须要绕一大圈弯路才能得到最终的结论。但如果将这两种方法结合起来，我们就能获得较为满意且确信的结果。

通过对快感区的研究我们发现，虽然我们的整个表皮对刺激均有某种程度的敏感性，但仅有快感区的皮肤对刺激反应最为强烈，因而当我们发现对皮肤的正常刺激也会引发某种性快感时，也就无须大惊小怪了。其中最值得一提的要数温度刺激，因为它有助于我们了解热水浴的治疗效果。

机械性兴奋

此处我们有必要提及一下通过机械性地晃动身体也可以产生性兴奋。这类刺激会通过三种不同的途径产生：作用在与平衡神经相连的感觉器官上，作用在皮肤上或是作用在深层结构（肌肉、关节等）上。在此需要注明的是，"性兴奋"与"性满足"的概念在某程度上可以指代同一种快感，之后我们还会对此进行详细说明。机械性晃动身体可使人产生快感，因此孩子们对于被动性使身体摇晃的游戏都很着迷，诸如荡秋千和被人抛到空中，他们会一再要求重复这类动作。[①] 我们都知道，当孩子吵闹不愿睡觉时，成人习惯用摇晃的办法来使其尽快进入梦乡。待孩子长大后，他们又会被马车的颠簸感以及之后铁路运输的摇晃感而深深吸引，以至几乎每一个男孩都曾在一生中的某个时刻梦想过自己成为一名司机或是车夫。我们搞不懂男孩为何会对与铁轨相关的一切如此着迷，在他们最富有想象力的阶段（青春期前不久），铁轨成了性的核心特征。由于晃动身体可使他们产生快感，因此他们必然将乘坐火车与性活动联系起来。但如果这种行为受到压抑，孩子的这种喜好则会成为他们的负担，这些人在成年后会对晃动感到恶心，在乘火车旅行后感到疲惫不堪，或在旅途中感到焦虑不安，更有甚者还会患上火车恐惧症以保护自己免受再次乘坐火车所带来的痛苦。

---

① 有些人还记得，在身体晃动的过程中，流动的空气对他们的生殖器造成冲击，令他们产生快感。[《释梦》专门探讨了这一问题，在第五章的一个脚注中还专门引用了一个例子（标准版，第 4 卷，p. 272）。]

在此，我们有必要交代这样一种情况，即当恐惧与机械性晃动相结合时，会导致极其严重的歇斯底里般的神经症症状，尽管原因尚不明确，但至少我们可以猜测，这些影响本身并没有太大威力，但当它们受到了强力协助时，就会成为性兴奋之源并造成性兴奋的作用机制和化学过程（sexual mechanism or chemistry）[①] 的极度混乱。

肌肉活动

我们都知道这样一个事实，即孩子需要大量积极的肌肉活动，并能从中获取极大的愉悦。这种愉悦与性是否有关系，它是不是包含了性满足或它是否能够成为引起性兴奋的契机——所有这一切都受到了广泛的质疑，包括前文中曾提到的被动活动所产生的快感在本质上具有性的性质或能产生性兴奋的观点也同样遭到了质疑。然而，事实上很多人都承认说，正是在他们与玩伴打闹摔跤的过程中，他们才第一次体验到性器官的性兴奋，因为除了肌肉紧张之外，这一过程还包含大量与对手的肌肤接触。喜欢与某个特定的人打架就如同长大后喜欢与某个人拌嘴一样[②]，都表明对方正是他要选择的对象。由于肌肉活动所引发的性兴奋似乎也是导致施虐倾向的根源之一，因此很多人在儿时所感受到的打闹与

---

① [后两个词，即“or chemistry”于1924年增补。]

② [原文为“Was sich liebt das neckt sich”，意为“相爱者的争吵是众所周知的”。]

性兴奋之间的紧密联系最终将决定他们性本能的发展轨迹。[①]

情感过程

人们对于其他导致儿童出现性兴奋的原因就没有太多质疑了。无论是通过同步的观察还是后期的研究，我们都很容易发现所有强烈的情感过程，甚至是恐惧都会对儿童的性行为产生影响——同时，这也有助于我们对这些情感病理学作用的理解。学龄儿童惧怕考试或在难题前感到紧张，这不仅仅会影响到孩子在学校的人际关系，还会导致出现突破性的性行为。因为在这种情形下所感受到的刺激往往会令孩子想要触摸生殖器，或者导致遗精的行为，但结果却令人陷入难堪。孩子在学校的类似行为会令老师感到迷惑不解，这时老师就需要从孩子萌芽的性欲角度入手来了解他们。某些引起性兴奋的情绪本身就会令人感到不适，例如恐惧、惊恐和害怕，许多人在成年后仍会从这些令人不适的情绪中感到性兴奋。怪不得有如此多的人要不断追求这些感受，但前提是这些感受所引起的不适感不至于太强烈，因此人们倾向于在幻想、图书或戏剧当中去寻找此类感觉。

与以上情况类似，我们发现强烈的痛苦也会引发性兴奋，尤其是被限定在适当程度内的痛苦。这也许是施虐与受虐本能的又一主要原因，对于它的复杂性我们逐渐有了更深的认识。[②]

---

① 对神经性步行障碍和空间恐惧的分析，消除了人们对于运动是否能给人带来性快感的疑惑。当代教育极力推崇体育运动，更准确来说，是想借助体育运动带给人的快感来替代性享乐，达到迫使性行为回归到自体享乐阶段的目的。[1910 年增注]

② 此处我指的是“受虐色情狂”（erotogenic masochism）。[1924 年增注]

智力活动

最后，我们还发现了另一个很明显的事实，即无论是青年人还是成年人，当他们将注意力集中在某一智力活动上时，他们往往会神经紧张，进而导致性兴奋。毋庸置疑，这就是我们说用脑过度会导致神经性障碍的主要原因了。[①]

尽管我对儿童性兴奋的起源问题并未进行详尽的阐述，但仅着眼于目前我们所掌握的资料，也可大致得出如下结论：有充分的证据表明，性兴奋需要经由动作产生，尽管坦白来说，我们对这一过程的本质还不甚了解，但要想产生性兴奋，首先必须对我们的表层感觉（皮肤和感觉器官）进行直接刺激，最直接的便是对快感区的刺激。在众多性兴奋来源当中，刺激的“质量”（quality）无疑起到了关键作用。当然，刺激的强度（如痛苦）也不容小觑。除此之外，体内的许多生理活动如果超过了一定限度，也会附带着引起性兴奋。我们所说的组元本能要么直接来自这些性兴奋的内在根源，要么由其与快感区共同作用导致。若没有人体内某些机能的参与，性本能的兴奋是无法实现的。

由于我对这一问题的研究采取了一种新颖的视角，加之众人对性兴奋的本质一无所知，因此目前我似乎还无法得出明确的结论，尽管如此，我仍要提出以下两点，这必将有助于为我们的研究在未来开创更广阔的前景。

---

① ［弗洛伊德早期对这一问题的研究可参见《论性欲在神经症病因中的作用》系列文章的首篇论文（1898a）中部以及《有终结的分析和无终结的分析》（1937c）第三部分的一个脚注。］

性结构的多样性

正如前文所述，快感区发育的多样性让我们发现了性结构天生就具有多种形态，同理，导致性兴奋发生的各种来源也证实了这一点。我们有理由认为，尽管每个人的性兴奋都来源于这些因素，但这些影响因素的强度却存在个体差异，进而，个体间引起性兴奋的不同因素又导致了性结构的个体差异。①

双向作用

如果我们摒弃一直以来在谈到产生性兴奋的原因时所采用的比喻性词语，不再将其称为性兴奋的“来源”的话，我们就可以假设：所有连接其他身体功能与性兴奋的路径都应该是可逆的，即其他身体功能可以导致性兴奋，而性兴奋也可以反作用于其他身体功能。例如，如果口唇区的两大功能是令人类能够通过进食来获得性满足的原因的话，我们也就理解了为什么口唇区的性功能受到干扰后会引起进食障碍了。而如果我们了解到精力集中会引起性兴奋，且连接彼此的路径是可逆的，那我们也就可以认为性兴奋反过来也可能会影响一个人注意力的集中。许多由性干扰引起的神经症症状都表现为与性无关的（non-sexual）躯体功能障碍。但如果我们明白了其他身体功能也能引起性兴奋，那这一疑惑也就不显得那么令人费解了。

---

① 这样想来，每个人都具有口腔性欲、肛门性欲和尿道性欲等发展阶段，相应的心理症结的存在不能作为判断一个人是否反常或患有神经症的标准。判断一个人是否反常，还要看其性本能组成成分中哪一种较为强势，并在实践中统领全局。[1920 年增注]

然而，性干扰对其他机体功能造成的影响同样也会影响到我们的健康状况，并将性本能吸引到除性以外的其他目标上或者说实现了性欲的升华。但此处我们也必须承认，我们只能确定性兴奋与其他身体功能间的路径确实存在且这一路径是可逆的，但除此之外我们还知之甚少。

第三章 青春期的变化

随着青春期的到来，幼儿的性生活开始发生变化，逐步转向最终的正常形态。在此之前，性本能主要以“自体享乐”为主，而如今的性本能则找到了自己的性目的。过去众多彼此独立的组元本能和快感区现在则为了一个共同的性目的而团结在一起，为追求同一快感而努力。然而，在所有组元本能齐心协力追求这一新的性目的之时，生殖区则开始主宰所有的快感区。① 两性所追求的性目的各不相同，导致两性在性发展上的差异也开始日益显现。男性越来越直接，也更容易被人理解，而女性则出现某种形式的退化。只有当指向性对象和性目的的两种力量相互交融，令激情与肉欲彼此交汇时，正常的性生活才能得以实现（此处的激情包含幼儿性活动萌芽期的残余）②，道理如同要挖一条隧道，须从山的两侧同时动工，最终交汇于一点，从而打通隧道。

---

① 本章中我常将问题模式化，这主要是为了更好地强调不同对象间的差异，此前我已提到对象选择和生殖器崇拜对幼儿性生活的重要影响。［1915 年增注］

② ［这句话补充于 1920 年。］

男性新的性目的在于性物质的释放。这与早期要获取快感的性目的并不相悖，相反，在实现性生活中这一终极目的的同时，男性也能获得强烈的快感。此时，性本能已听命于生殖功能，或者说，性本能已经开始具有利他性（altruistic）。正是因为性本能自身所具有的气质和特点，这一转化过程才得以成功实现。正如其他有机体必须经过新的组合和调整才能实现新的复杂机制一样，在这个转化过程中，如果不重新建立秩序就会出现病态的干扰。性生活中的任何病态干扰都可被视作发展受到抑制的结果。

一、生殖区的主导性与前期快感

前文中我所描述的这一转化过程的开端和终极目的已非常清晰，但对中间的发展过程我们还不甚明了，仍有许多谜团等待我们去揭开。

青春期最根本的变化，要算是外生殖器的明显生长与发育（然而，在潜伏期，生殖器的生长发育几乎是停滞的）。与此同时，内生殖器的发展也有了长足进步，足以使人们具备释放性物质的能力，或者说可以开始制造新生命了，这高度复杂的器官已准备就绪，就等着大显身手了。

性器官需要通过刺激才能启动。通过观察我们发现，刺激主要来自以下三个方面：一是外部刺激，通过对我们熟知的快感区进行刺激，使其兴奋；二是从机体内部以我们未知的方式进行刺激；三是贮存了外部印象和内在兴奋的精神活动。这三种刺激都会导致同一个结果，即“性兴奋”，并从心理和生理两个方面表现出来。心理上主要表现为急度迫切的紧张感，而在众多生理反应中，最重要的就是生殖器的变化，很显然它们已经为接下来的性活动做好了准备（男性性器官的勃起和女性阴道的湿润）。

性紧张

性兴奋会让人感到紧张这一事实成了又一个困扰我们的难题，而解决这一难题将有助于我们对性行为的理解。尽管心理学家对这一问题的看法众说纷纭，但我坚持认为紧张感必然与不适感相伴。我认为最重要的一点就在于这种感觉会要求心理状态发生改变，这种急迫感与快感的本质是完全相悖的。如果我将性兴奋的紧张感视作一种不快，那又与它确实能给人带来快感的事实相违背。性行为中所有的紧张感都会与快感相伴，即使是处于准备阶段的性器官，观察其所发生的变化，其满足感也是显而易见的。那么，这种令人不适的紧张感与快感又是如何和平共处的呢？

任何一个涉及快感与不适感的问题，都会令当今心理学家感到束手无策。我们的目的旨在从目前我们所讨论的事例中获取尽可能多的信息，但并不会触及这一问题的其他方面。[1]

首先，让我们来看一看快感区是如何适应这种新秩序的。它

---

① 我曾试图在《受虐狂的经济问题》（1924c）一文的第一部分解决这一问题。［1924年增注］

们在引起性兴奋方面发挥了重要作用。眼睛可能是距离性对象最遥远的区域，但在追求性对象的过程中，这一区域却常常是最能发现美，并令人产生性兴奋的（同理，性对象身上的优点可被称为“吸引力”）。这种刺激一方面可以带来快感，另一方面可增强性兴奋或制造性兴奋。若此时性兴奋扩展到其他快感区，例如，通过触觉扩展至手，那么效果也是大致相同的：一方面，处于准备阶段的性器官所产生的快感会令整体的快感得到提升；另一方面，性紧张也会增强，而如果它不能引发进一步的快感，那么它就会马上令人感到明显的不适。另一个例子也许能把这个问题说得更清楚。如果一个并未性兴奋的人的快感区（如女性的胸部皮肤）受到了抚摸，这种抚摸本身就会制造快感，同时又能引发性兴奋，令人想要获得更多的快感。但问题就在于快感何以令人产生获得更多快感的需求。

前期快感的机制

快感区在性行为中的作用是显而易见的。且所有快感区的作用机制都是相同的，都是在适度的刺激下令人产生快感，随后快感又会引发紧张感，并为性行为的达成提供必要的动力。性行为完成前的最后一步，也是用适当的部位对快感区进行程度适中的刺激（如用阴道黏膜去刺激阴茎上的龟头），同时，从刺激所产生的快感当中身体又获取了射精的原动力。这最后的快感最为强烈，其作用机制也与之前的快感不同，它完全是经由身体的发泄而获得的一种满足感，同时，力比多所带来的紧张感也暂时得到了缓解。

我认为，要想更明确地区分由快感区兴奋所引发的快感与释放性物质时所产生的快感，我们必须对二者采用不同的命名方式。如果将从性行为中所获得的满足感称为“后期快感”的话，那么与之相对，前者就应该被称为“前期快感”。前期快感与幼儿性本能所产生的快感类似，只是强度更小；而后期快感是全新的，促使其发生的条件要到青春期时才可具备。于是快感区的新功能就是通过在幼儿期就可获得的前期快感，来获取更加强烈的快感的满足。

最近，我在另一个完全不同的精神领域内也发现了类似的案例：轻微的快感似乎能够引发更加强烈的快感，作用机制就如同“额外刺激”（incentive bonus）。通过这种类似的联系，我能够对快感的实质进行更加深入的研究。①

前期快感的危险

然而，前期快感与幼儿性生活间的联系由于其可能的致病因素而变得更为紧密。显然，正常性目的的实现会受到前期快感作用机制的威胁。在性行为的准备过程中，若某一时期的前期快感过于强烈而紧张感又不足，就会令使性行为继续推进下去的动机消失殆尽，整个过程被中断，性行为停留在准备阶段无法进展，甚至最终取代正常的性目的。经验表明，导致这一问题的原因是某个快感区或是与其相对应的组元本能在童年时期就已经令人体

---

① 参见1905年出版的《诙谐及其与潜意识的关系》（第四章结尾处）。由诙谐产生的“前期快感”，能帮人扫清内心的障碍，获得更大的快感。

［在论创作的论文中（1908e），弗洛伊德认为审美快感也具有类似的机制。］

验到了强烈的快感。如果再受到其他因素的影响，这一趋势就会在其后的性生活中成为一种定式，极易阻碍前期快感进入新的状态。事实上，许多性变态的形成机制正是如此，在性行为的过程中长时间驻足于准备阶段，而停滞不前。

如果在童年时期就能确立生殖器的主导地位，就可以避免前期快感所引发的性功能失调。这种情况通常出现于童年期的后半段（从八岁到青春期）。此时，生殖区的活动已与成年人无异，当其他快感区获得快感的满足后，它们也可以感受到性兴奋，并作出准备性的变化，但它并没有特定的目的，因此，不会令性行为持续发展下去。因此，在童年时期获得快感的同时，身体也已经感受到了一定程度的性紧张，只是不够持久，程度也不够强烈。

现在我们能够理解在讨论性的根源时，为什么我们既可以说它是性满足的过程也可以说是性兴奋的过程。有一点要引起我们注意，在我们的研究过程中，起初我们夸大了幼儿与成年人性生活的区别，而现在我们要对此进行修正。无论是变态的还是正常的性生活，都深受幼儿性欲表现的影响。

二、性兴奋的问题

快感区在获得快感的同时，也会令人感到性紧张，只是我们对于这种紧张感的来源和本质还一无所知。[①] 最易得出的结论是紧

① 值得注意的是，德语中“lust”一词，如上文所述，指性兴奋时既满足又紧张的感觉。

张感来源于快感本身，可是这一说法不仅完全不可能，而且也根本站不住脚，因为身体在获得最强烈的快感时要向体外释放性物质，此时不仅不紧张，相反紧张感会完全消失。因此，性快感与性紧张之间的联系只能是间接的。

性物质的作用

性紧张与性物质之间的关系除了体现在性物质的释放能够终结性兴奋之外，它们在其他方面也存在关联。例如一个过着禁欲生活的男性，他的性器官也会时不时地产生快感，并在梦中的性行为中释放性物质，即遗精（nocturnal emission）。就这一过程而言，我们必然得出这样的结论：不断积蓄的性物质（精液）导致了性紧张，而睡梦中的幻觉取代了真正的性行为，又为性紧张的释放提供了捷径，人类有关性欲可以消失殆尽的经历也同样证明了这一点。若精液枯竭，不仅无法进行性行为，甚至连快感区对刺激的反应也会变得迟钝，适宜的兴奋也无法再给人带来快感。因而我们发现，一定程度的性紧张对快感区的性兴奋是必不可少的。

因此，我们似乎可以得出一个被广泛接受的假说：如果我们没有搞错的话，则性物质的积蓄会制造并保持性兴奋，因为性物质对储存器官的内壁造成了压力，压力又作用于神经中枢，继而被更高的大脑中枢接受，并意识到我们所熟悉的紧张感。如果快感区性兴奋能够增强性紧张，那么只存在一种可能，即快感区早已与这些神经中枢建立了解剖学上的联系。它们可以增强兴奋的强度。如果性紧张已达到了足够的强度，那么性行为将一触即发；

如果性紧张的强度不够，便会导致性物质的分泌。[①]

这一理论虽为人接受，如克拉夫特-埃宾在解释性过程时就采用了这一理论，但它的不足之处在于它仅适用于解释成年男性的性行为，而对儿童、女性和被阉割过的男性这三类人群的性行为几乎没有涉猎。这三类人群都不存在成年男性的性物质积蓄问题，因此该理论很难适用于他们。然而，同时我们也要承认，人们总会找到办法使这一理论可以应用于这三类情况，值得我们注意的是，无论在哪种情况下，都不应过分夸大性物质积蓄的作用。

内生殖器的重要性

对阉割后的男性的观察表明，性兴奋的发生可以在很大程度上独立于性物质的释放。虽然对男性进行阉割手术的目的旨在限制其力比多，但结果却常常不尽如人意。此外，我们也早就听说过，有些男性被疾病剥夺了生成精子的能力，但他的力比多与性能力却未受到损害。[②] 因此，当里格尔（Rieger，1900）提出成年男性失去性腺并不会对他的精神生活造成影响时，我们也就不必大惊小怪了。[③] 但如果是在青春期之前就实施了阉割手术，或许几乎能够达到使其丧失性特征的目的，但问题在于，性特征的改变不一定就是由丧失性腺导致的，也可能与发育过程中其他因素的

① ［弗洛伊德曾讨论过这一假设。参见《焦虑性神经症》（1895b）的第三部分。］

② ［这句话增补于 1920 年。］

③ ［1920 年之前的版本中，此处为："性腺并不会产生性活动，对阉割后的男性的观察便可以证明，性腺的摘除并不会使性特征消失。"下一句第二部分为"而问题并不在于性腺的缺失，而在于抑制……"］

抑制作用（与性腺的丧失有关）有关。

化学理论

在动物身上进行移除性腺的实验，包括摘除脊椎动物的睾丸和卵巢，并在它们体内植入其他异性的性腺①，为性兴奋的起源问题提供了部分线索，同时，也进一步动摇了性物质积聚理论的意义。斯坦纳（E. Steinach）在实验中已经成功地将雄性变为雌性，或将雌性变为雄性。在这一转变过程中，随着生理性特征的变化，性心理行为也同时发生了相对应的改变。然而，性腺虽能产生性细胞（精子和卵子），但却不是这一过程中的决定因素，其关键因素是被称为"青春腺"（puberty-gland）的间质组织。随着研究的不断深入，我们或将发现青春腺也是双性的，如果真是这样，那么高等动物双性论（bisexuality）便有了解剖学的依据。青春腺也许并不是与性兴奋和性特征相关联的唯一组织。无论如何，我们所熟知的甲状腺在性生活中的作用与这一新的生物学发现是完全吻合的。性腺的间质组织似乎可能会产生某种特殊的化学物质，随着血液的流动又被输入到特定的中枢神经系统，促使其产生性紧张（我们所熟知的一种现象就是，毒物从外界进入体内，可能会使体内的某一特定器官中毒）。对快感区的刺激是如何引起性兴奋的？单纯的毒性刺激与生理刺激在性过程中所起的作用有什么区别？目前我们即使是在假设的层面上，也无法对诸如此类的问题做出解释。我们只需坚信一点，即性代谢过程中所产生的某种

① 见李普什舒兹的作品（1919）。

特殊物质不是性过程中的关键因素。[①] 这种观点看似武断，但也找到了事实依据，虽然关注者甚少但却值得我们深思。那些只是由性生活障碍所引发的神经症，在临床表现上与由吸毒或麻醉引起的中毒现象和禁欲现象都十分相似。

三、力比多理论[②]

性兴奋的化学基础假说与我们为了理解性生活的心理表现（psychical manifestations）而提出的辅助概念极其吻合。我们将力比多定义为可以对性兴奋的过程和变化进行测量的变量。力比多作为支撑精神生活的幕后英雄，因起源不同导致其与其他力量在

---

① ［这一段落是在 1920 年才确定下来的。在第一版（1905）及之后的两版中，此处为："真相是我们对性兴奋的实质一无所知，尤其是对与性相关的器官知之甚少（并已经意识到了高估性腺的现象）。在我们惊喜地发现甲状腺在性活动中所扮演的重要角色时，我们有理由承认自己对性活动的根本因素仍然是无知的。如果要利用有限的假设来弥补这一知识漏洞，人们通常会以甲状腺中发现的动力物质作为出发点，并沿着这个思路研究下去。但也可能会出现这样一种情况，作为快感区适当刺激的结果或作为与性兴奋相伴出现的情形，通常也会被有机体分泌出来的物质分解掉。分解后会成为一股特殊刺激作用于生殖器官或相关的骨髓中枢（如我们熟知的人体中毒现象，某些器官会出现类似的毒性变化）。诸如在性过程中纯粹的毒性刺激和生理刺激是如何对彼此发生作用的之类的问题，即使是在假设的层面上，也是目前我们无法解决的。在此我要强调的是，我并不认为这一假设意义重大，如果它在本质上继续强调性化学，那么我有可能随时放弃这一假设而转向更合理的假设。"值得注意的是，弗洛伊德在发现性激素后，对这一假设做了微小的改动。他不仅在 1905 年，甚至早在 1896 年就看到了这一点。参见 1896 年 3 月 1 日和 4 月 2 日写给弗里斯的信（1950a，信 42，44）。弗洛伊德在与《性学三论》几乎同时出版的《论性欲在神经症病因中的作用》系列文章的第二篇中，进一步强调了化学因素的重要性（1906a）。］

② ［除最后一段外，本节大部分完成于 1915 年。主要根据弗洛伊德《论自恋》（1914c）的论文。］

量上和质上都存在差别。将力比多与其他心理能量做出区分后便可得出这样的假设：有机体的性过程由于受到特殊化学因素的影响，因而与摄取营养的过程是不同的。对性变态和精神神经症的分析表明，性兴奋不仅源于我们所说的性部位，还来自全身的各个器官。因此，我们就可以提出力比多的量化概念，它在心灵表现上被称为“自我力比多”（ego-libido），它的产生、增强、减少、分配和转移都有助于我们理解我们所观察到的性心理现象。

然而，只有自我力比多作用于性对象时，也就是成为对象力比多时，它才能被我们成功地加以分析。这时我们发现力比多要么专注于某个性对象[①]，要么抛弃他们转而投向另一个性对象，并以此来引导主体的性行为，其本身也可获得暂时的满足。精神分析对转型性精神病（trans-ference neuroses，指歇斯底里症和强迫性精神症）的研究为我们对这一问题的理解拨开了迷雾。

我们对对象力比多的发展进行跟踪研究，发现当它撤离对象之后，会以某种十分紧张的状态四处游荡，并最终回归自我。为了与对象力比多相对应，自我力比多也可被称为自恋力比多。通过精神分析，我们可以跨越似乎不可逾越的藩篱，得以窥视自恋力比多的活动，并发现其与对象力比多间的关系。[②] 自恋力比多或者说自我力比多似乎是一个巨大的存储器，力比多由此出发追寻对象，并再次返回到这里。力比多对自我的追寻是一种原始状态，

---

① ［有关力比多对“对象”的专注或转移问题，在此处及别处都无须多加说明。弗洛伊德指的是对象的心理表征，而非外部世界中的对象。］

② 既然精神分析已能够广泛应用于神经症的其他变形，那么这一前提也就不复存在了。［1924 年增注］

早在童年早期就已形成，只是被后来的对象力比多所掩盖，只能在幕后继续运行。

我们提出力比多理论的目的就是为了让其化身为力比多经济学（the economics of libido），并对所观察到的神经症和心理障碍现象和过程做出解释。不难想象，力比多的变化在解释疾病，尤其是深层次的心理障碍时扮演着重要角色。但我们所要面临的问题是，我们所采用的精神分析的研究方法只能向我们准确报告对象力比多的转化过程[①]而无法将自我力比多与其他作用于自我的力量做出直接区分。[②]

因此，目前，除非借助某些推论，否则我们无法把力比多理论继续发展下去。[③] 但如果我们也像荣格（G. G. Jung）那样忽视力比多自身的含义而将其与其他常见的心理本能混为一谈，那么就会令迄今为止通过精神分析观察所取得的成果毁于一旦。性功能存在特殊的化学基础的设想为下列观点，即性本能冲动要与其他本能冲动区别开来，而力比多只能与性本能冲动有关，提供了有力支持。

四、男女差异

众所周知，男女两性特征的明显差异直到青春期才会出现，这一差异将对之后的生活产生决定性的影响。男女两性早在童年

---

① 参见前一脚注。[1924 年增注]

② 参见《论自恋》(1914c)。[1915 年增注]

在此要更正我之前的失误，“自恋”并非由纳科（Naecke）提出，而是由霭理士所创。[霭理士此后对此有更详细的解释，并认为这种荣誉并不能属于一个人。] [1920 年增注]

③ [这一段补充于 1920 年。]

时期就已经表现出了明显差异。但小女孩的性阻碍力量（羞耻、厌恶、同情等）比男孩要出现得更早，且她们的抵抗力量也比男孩更弱，因此女孩的性压抑倾向更明显，当性的组元本能出现时，也会更多采取被动形式。然而，快感区的“自体性欲”活动在两性之间却没有太大差别，正是因为这一原因，在童年时期，男女性别的差异并不明显，这种差异直到青春期后才会粉墨登场。从儿童时期自体性欲和手淫的表现来看，我们或许也可以说，小女孩的性欲完全具备男性特征。的确，如果我们能够对“男性”和“女性”给予更加明确的定义，我们就会发现，力比多在本质上是必然具有男性特征的，无论它出现在男性还是女性身上，也无论它追求的是男性还是女性。①

自从理清了双性论的内涵②，我发现它是我们研究男女两性差异的决定性因素，如果不考虑双性理论，我们几乎无法解释男女

① ［在1924年之前的版本中，从“力比多”到这句话的结尾处，印刷时均保留空格。1915年增加了脚注。］我们应该清楚地意识到，对一般人而言非常清楚的两个概念“男性”和“女性”，在科学界却是最容易混淆的一组概念之一。这两个概念至少存在三种解释：可以指“主动”与“被动”，也可以从生物学和社会学角度来看待二者的差异。第一种解释是最基本的，也是最常被精神分析采纳的。例如，我们在本章中说“力比多”具有“男性”特征时，意思是说本能总是主动的，哪怕面对的是被动目标时也是如此。第二种即生物学上的意义或许最易被人接受，男女之间的差异主要体现在是产生精子还是卵子以及由此决定的生殖功能上的差别。一般说来，生理上的男性也更具主动性。他们肌肉发达，具有攻击性及更强烈的力比多。但这也不是绝对的，例如在某些动物当中，这些特征就体现在雌性身上。第三种，社会学上的解释，主要依据在现实生活中对男女两性的观察。综上所述，无论在生理上还是心理上，都不存在纯粹的男性或是女性。相反，每一个个体都是两性特征的混合体，既有主动性也有被动性，不管这些特征与他们的生物学特征是否相符。［在《文明及其缺憾》（1930a）第四章结尾处的一个脚注中，弗洛伊德再次探讨了这个问题。］

② ［只有在1905年的版本中才说成“通过弗里斯……”］

两性在现实中的性表现。

男性与女性的快感主导区

除此之外，我只有一点要加以补充。女童的快感主导区位于她的阴蒂，它类似于男性的阴茎。据我所知，所有的女童手淫都与阴蒂有关，而与在后期扮演重要角色的外生殖器无关。我甚至怀疑，女童能否会因受到引诱而对阴蒂以外的其他身体部位进行自慰。这种情况即便存在，也是极罕见的。女童经常出现的性兴奋的释放都是通过阴蒂痉挛实现的。阴蒂的频繁勃起可以令女童即便未经教授也能够对异性的性表现做出正确判断，她只需以己度人，通过自己的性过程来推测男性的感受。

如果我们想知道女孩是如何成为女人的，就要持续关注阴蒂兴奋的变化过程。在青春期，男孩的力比多更加膨胀，而女孩的性兴奋却受到了压抑。阴蒂性活动受到的影响最为明显。而女孩体内压抑的性冲动又带有男性的性特征。由于受到青春期性压抑的影响，女性的性行为变得越发拘谨，但对于男性来说，她反而变得更有吸引力，并助长了男性的性行为。女性越是压抑或抗拒性行为，男性对她的评价就越高。而当女性最终同意发生性行为时，其阴蒂则负责将阴蒂的性兴奋传递至邻近的女性性器官，就好像要让一堆木柴燃起熊熊火焰，我们只需点燃一小堆松木来引火便可。这个性兴奋的传递过程需要一段时间才能完成，只是年轻女子还处于麻木状态。

如果阴蒂区拒绝将性兴奋传递出去，那么这种麻木的状态就会持续很长时间，这是阴蒂区在童年期过度活动的后果。众所周知，女性的性麻木只是表面的、局部的，她们的阴道可能是麻木的，但她们的阴蒂和其他部位并非无法兴奋起来。造成女性性麻木的除了生理因素外，还有心理因素，它们都会造成压抑。

如果性兴奋被成功地从女性阴蒂传递到阴道，就说明女性已开始启用一个新的快感主导区来接管之后的性行为。而男性从童年到成年，其快感主导区始终不变。女性要更换一次快感主导区，以及在青春期要受到压抑的事实，令女性身上此时所具有男性特征消失殆尽，也使她们更易患神经症，尤其是歇斯底里症，这都与她们的女性特征有密切关系。①

五、发现性对象

青春期阶段确立了生殖区的主导地位，男性的阴茎已经能够勃起，并坚定不移地向下一个性目标推进，即进入那个能令他们兴奋的洞穴，同时，也为自儿时起就开始在心理层面上着手准备的寻找性对象的过程画上完美的句点。当最初的性满足还与摄取营养的过程联系在一起时，性本能以孩子身体外部的母亲的乳房作为自己的性对象，只有当孩子完全搞清楚这个给他带来满足的器官属于母亲的时候，他的本能才会放弃这个性对象。按道理，之后孩子的性本能就会进入自体享乐阶段。因此，这也充分说明了为什么孩子吮吸母亲的乳房是一切爱恋关系的原型，事实上，

① [弗洛伊德曾经四次深入探讨过女性性活动的发展过程，分别是：对女性同性恋的个案研究（1920a）；对于性的解剖学结果差异的讨论（1925j）；关于女性的性活动（1931b）；《精神分析新论》（1933a）第 33 讲。]

寻找性对象就是要找回最初的那份感觉。[①]

幼儿早期的性对象

但即使性活动脱离了摄取营养的过程，这段人生中最初的也是最有意义的性关系仍会对性对象的选择存在影响，为性对象的选择做好准备，且能够帮助寻回遗失的快乐。在潜伏期的整个过程中，孩子学会了去喜爱那些于无助中曾向他施以援手并能满足他们需求的人，而这正是他与母亲间哺乳关系模式的延续。也许有些人并不认同孩子对照料者的感情与尊重当中掺杂了性爱的成分。但我认为通过对儿童做细致的精神分析便可以证明这一点的真实性。孩子与其照料者间的交往为他提供了源源不断的性刺激和快感区满足。如果照料者是孩子的母亲，那么这种情况会更加明显，母亲总是将孩子看作其性生活的结果：抚摸他，亲吻他，摇晃他，完全将他当作性对象的替代品。[②] 如果母亲意识到自己的爱抚会唤起孩子的性本能，并为他日后的紧张感添砖加瓦，那必然会感到万分震惊。母亲认为自己的行为丝毫不带有性色彩，纯粹是出于母爱，且除非是不可避免的护理动作，否则她会小心翼翼地尽量不要碰触孩子的生殖器。但我们知道，并不是只有对生殖器的直接刺激才能唤起性本能，“情感”终究也会对生殖器产生

---

① 通过精神分析我们了解到，寻找性对象存在两种途径。第一种，如本章所介绍的那样，是根据幼儿时期的原型来寻找；第二种则是自恋式的，即想要在他人身上找到自己的影子。第二种途径容易引发精神类疾病，但与本章无关。[1915 年增注]

[在《论自恋》的第二部分，弗洛伊德深入探讨了这个问题（1914c）。写于 1905 年的这一段，与 1915 年和 1920 年关于这一问题的论述并非一致。]

② 凡是认为这种观点有“亵渎神灵”之嫌的人，都可以参见霭理士（1913，p. 18）阐述的有关母子关系的观点，其与我的观点几乎完全一致。

同样的作用。此外，如果母亲能够深刻理解性本能对一个人全部精神生活（包括道德和心理成就）的重要意义，那么即使在她领悟之后也无须自责。她不过是在履行自己的职责，即教孩子如何去爱。毕竟孩子本就应该成长为一个具有强烈性需求的强者，在性本能的驱使下去完成身为人类一生的任务。事实上，父母对孩子过于溺爱对孩子是有害的，会令孩子性早熟，并且父母的宠爱也会令孩子在今后的生活中无法忍受缺少爱，或不能从较弱的爱中获得满足。一个孩子无限度地要求父母的疼爱，可能便是神经症最明显的迹象。另一方面，正是患有神经症的父母，往往才会对孩子过度宠爱。恰恰是他们的爱抚引发了孩子的神经症。同时，这一事例也说明，患神经症的父母将他们的疾病传给孩子的方式，比遗传来得还要直接。

幼儿焦虑

孩子对照料者的依赖，在很小的时候，就表现出性爱的特质。孩子最初的焦虑也不过是他们在失去所爱之人时的情感表达。正因如此，他们惧怕陌生人，他们害怕黑暗，因为在黑暗中他们看不到自己的所爱之人，如果此时他们能够拉着照料者的手，便不觉得那么恐惧了，有人认为保姆给孩子讲的吓人的鬼故事是造成孩子胆小的主要原因，这实际上是有些言过其实了。事实上这些鬼故事只是让一部分胆小的孩子感到害怕，对于那些胆大的孩子根本不能造成什么影响，且只有那些被过度溺爱而导致性本能过强或性本能出现过早的孩子，才会胆小。在这方面，孩子就如同成人一样，当力比多无法获得满足时，就会转化为焦虑。同理，力比多没有得到满足而患上神经症的成年人，在焦虑时也会表现得如同孩子一样，独处时会害怕，也就是说，当他离开那个能够给他带来安全感的人时，他就不得不用孩子气的方式来驱赶不安。[①]

乱伦的屏障[②]

由此可见，父母对孩子的疼爱在孩子未成熟前就能唤醒其本能（在青春期生理状况出现之前），以使其性兴奋冲破束缚，毫无差池地进入生殖系统。从另一方面来说，如果孩子足够幸运躲过了父母的过度溺爱，那么父母的情感便能在孩子成熟后引领孩子对性对象的选择。毋庸置疑，孩子最容易选择自儿时起就亲近的人作为自己的性对象，因为他们的原始力比多选择的就是这些人。[③] 然而由于性成熟的拖延，孩子们有足够的时间在其他性限制之外再建立起一道阻隔乱伦的屏障，道德戒律使他们将从小就爱着的有血缘关系的亲人排除在性对象的选择之外。对这一屏障的重视主要是出于社会文明的需要，社会决不允许家族利益强大到能够吞噬更高级社会单位的程度，出于这一原因，社会会竭尽所能地要求每一个人，尤其是

---

① 我对幼儿焦虑来源的解释得益于一个三岁的男孩。我曾听见他在一间黑屋中喊道："阿姨，快跟我说说话！这里太黑了，我害怕！"阿姨回答道："那有什么用呢？你又看不见我。""看不见也没关系，"孩子说道，"你跟我说话，房间就不黑了。"由此可见，他并不是怕黑，而是怕见不到自己喜爱的人，如果能见到阿姨，他也就不害怕了。[1920 年增注]

精神分析最重要的成果之一就是发现了神经性焦虑来自力比多，它是力比多转化后的产物，二者的关系就犹如酒和醋。在《精神分析导论》第 25 讲中，我又再次讨论了这一问题，但仍没有彻底解决这个问题。

[弗洛伊德关于焦虑的最新研究可参见《抑制、症状与焦虑》（1926d）和《精神分析新论》第 32 讲（1933a）。]

② [可能由于某种疏忽，这一小标题在 1924 年后就被删除了。]

③ 参见前文对儿童性对象选择的论述。[1915 年增注]

青年男子与他们儿时最亲近的家人保持距离。①

然而，孩子最初对性对象的选择都是在幻想中完成的，即使是成熟后的青年人，他们的性生活也几乎全部受限于幻想之中，无法付诸实际。② 在这些幻想中，幼儿时期的特征必然会再次出

---

① 乱伦的屏障与其他道德禁忌一样是人类历史发展的重大成就之一，人们通常认为这是生物遗传的产物（见《图腾与禁忌》，1912—1913）；然而，精神分析却显示，在成长过程中，个体为抵御乱伦的诱惑曾进行了激烈的抗争，且在幻想甚至是现实中这道屏障也常被打破。

[虽然这是首次公开讨论这个问题，但早在 1897 年 5 月 31 日的信中就讨论过“乱伦的恐惧”问题（原件 N，1950a），即在揭示俄狄浦斯情结之前的几个月。当时弗洛伊德就认为乱伦是“反社会的”。][1915 年增注]

② 青春期的性幻想是对童年时期性探索的延续。毫无疑问，这一过程可能在潜伏期前就出现了，大多数甚至是全部发生于潜意识当中，因此我们无法确定其发生的确切时间。这些幻想是各类精神病症状的初期表现形式，是受到压抑的力比多要寻求满足的结果，因此对精神病研究具有重大意义。同样，在日间刺激的影响下，性幻想又以梦境的形式在夜间上演（见《释梦》第七章第一节，标准版，第 5 卷，p. 492）。青春期的性幻想当中，存在某些与个人经历无关的幻想。例如有人幻想自己偷听父母做爱的声音，有人幻想自己在童年受到了自己所爱之人的诱奸，有人幻想自己被阉割（见有关“原始幻想”的论述，《精神分析导论》第 23 讲），或是幻想自己身处子宫的情形。有人还会幻想“家庭罗曼史”（即孩子幻想自己非父母亲生），这些孩子在成年后对父母的态度会发生很大转变。这类幻想受到了神话的深刻影响，这在兰克（Otto Rank，1909）的作品中有详细的例证。[1920 年增注]

[同时参见弗洛伊德《家族罗曼史》（1909c）及《对“鼠人”的分析》（G 篇）中第一部分的脚注（1909d）。]

我们认为俄狄浦斯情结是神经症的核心症结，构成了神经症的本质内容。它是幼儿性活动的高峰，也对成年后的性生活产生了决定性的影响。每个人的一生都面临着战胜俄狄浦斯情结的重任，如果不能战胜它，就难免患上神经症。随着对精神分析研究的不断深入，俄狄浦斯情结的重要性也日渐凸显。精神分析学派和其他观点的差别就在于是否肯定这一点。

在另一篇文章中（1914），兰克将孩子对母亲的依恋追溯至胚胎时期，从而证明了俄狄浦斯情结具有生物性基础。不同之处在于，他认为乱伦的屏障主要源于出生恐惧所造成的心理创伤。[参见《抑制、症状与焦虑》第十章，1926d。][1924 年增注]

现，只是此时生理变化所导致的身体压力更强烈。这些特征当中，首先仍然是孩子对父母的性冲动，只是此时由于受到了异性的吸引而发生了变化，儿子依恋母亲，而女儿则更依恋父亲。[①] 与此同时，当孩子克服并摒弃了乱伦的幻想之时，他们便取得了青春期最有意义但也最痛楚的精神成就，即脱离了父母的权威，这一过程造成了新老两代之间的对立，对文明的进步至关重要。在所有人都要经历的人生发展的每一个阶段上，都会有人停滞不前。有些人始终无法摆脱父母的掌控，也无法摆脱自己对父母的依恋。这种情况多见于女孩，为使父母开心，她们在青春期后仍对父母保留着孩子般的爱。值得我们注意的是，正是这类女孩，在未来的婚姻当中无法尽到一个妻子的职责，冷若冰霜，性爱麻木。由此可见，性爱与看似对父母的“非性爱”其实是同源的，也就是说，后者正是力比多停留在幼儿阶段的结果。

对性心理发展的深层阻碍研究得越深入，乱伦的对象选择的意义就显得越发重要。精神神经症患者由于对性爱有抵触情绪，因而他们的大部分或全部寻求性对象的心理性行为都发生在潜意识当中。对情爱极度渴求同时对性生活的实际需求又过分恐惧的女孩，一方面无法抑制地想要实现无性之爱，而另一方面又将力比多尘封于感情之后，对此，她们并不感到自责，她们终其一生都对父母、兄弟、姐妹保持着幼儿般的爱恋，青春期也是如此。

---

① 参见《释梦》中我对俄狄浦斯神话中结局注定是悲剧的论述［第五章第四节(B)，标准版，第4卷，p. 260］。

精神分析可以轻而易举地指出，此类人的爱恋（此处的爱恋表达的是它的世俗含义），就是他们与血缘亲人之间的感情。通过他们的症状和其他病症，精神分析可以追踪到他们的潜意识，并将其转化为有意识的思想。某个曾经健康的人，在一段不愉快的感情经历后患病，似乎也可以说明，其患病机制正是这个人的力比多又转向了其在幼儿时期所喜爱的人。

幼儿对象选择的影响

即便有幸避免了力比多乱伦式的固执，也很难完全摆脱它的影响。情况往往是，一位年轻男士在初恋时就爱上了一位成熟女性，或是年轻女孩钟情于一位有权势的长者。因为在这些人身上他们可以找到父母的影子[①]，这很显然是上文中所讨论的“乱伦”倾向引发的后果。毫无疑问，无论是怎样的性对象都是以父母的原型为基础来寻找的，尽管有时他们的关联并不那么明显。尤其是男性，他们总是在寻找带有其母亲身影的性对象。因为自儿时起，母亲的形象就在他们心底留下了深刻的烙印。而与此相对的是，如果男性的母亲还健在，她可能会怨恨自己的这位替身并表现出敌意。鉴于亲子关系对未来性对象的选择存在重要作用，我们也就不难理解对这种关系的任何阻碍都会对成年后的性生活造成重大影响。恋人心中的妒忌绝非毫无来由，我们总能在幼儿时期找到它们的根源或至少在幼儿时期受到了强化。如果父母间常有争吵或夫妻关系不和，就会使孩子的性发展出现严重障碍，甚

① 参见我的论文《男人对象选择的一种特殊类型》(1910h)。[1920 年增注]

至患上神经性疾病。

孩子对父母的依恋无疑是幼儿期最重要的线索，在青春期还留有明显印迹，且为性对象的选择指明了方向，但它绝不是唯一的影响因素，许多与它产生自同一根源的因素同样植根于人类的童年经历，会令男性产生不止一种性取向，也为他们性对象的选择提供了多种不同的可能性。[①]

性倒错的预防

性对象选择的重要任务之一就是寻找异性。但正如我们了解的那样，这一过程不可能一帆风顺地完成。青春期后的第一次冲动往往都会误入歧途，尽管不会对未来造成永久性的伤害。德苏（Dessoir，1894）曾合理地指出，男孩和女孩通常总是和自己的同性建立友谊。无疑阻碍永久性的性倒错的最强有力的因素就是异性所展示出的吸引力。在此我并不想对这一问题进行深入探讨[②]，然而单就这一个因素并不足以抵御性倒错，一定还存在许多其他因素在共同发生作用，其中最重要的还是社会性禁止的权威。在一个不将性倒错视为犯罪的社会中，我们会发现有相当数量的人具有这种倾向。此外，我们也可以设想，若男性在儿时由母亲或其他女性照料，那么他们对这一时期的情感记忆就会引领未来他对女性的选择；另一方面，如果他们早期经验中的性行为曾受到

① 人类的情爱生活表现方式多种多样，恋爱过程还伴有冲动性特征，而这一切都可追溯至童年时期，是童年时期影响的延续。[1915 年增注]

② 读者可参看费伦茨的作品《试论生殖器理论》，此书充满想象，生动有趣，从生物进化史的角度探讨了高等动物的性生活。[1924 年增注]

过父亲的威慑，或与父亲间存在竞争关系，则会令他们远离同性。这两种因素同样适用于女孩，她们的性行为主要受到母亲的严格监管，因此她们敌视同性，这也决定了她们未来在选择性对象时会趋向我们所说的正常化。[①] 从小接受男性（如古代的奴隶）教育的男孩更容易成为同性恋者。目前在贵族中有很多性倒错者，这也许是由于他们从小是由男仆照料且母亲对孩子又疏于关照的缘故。在许多歇斯底里症患者身上我们都发现，过早失去父母中的一方，无论是由于去世、离异还是分离，都会令孩子把感情全部倾注在剩下的单亲身上，这也决定了日后孩子在选择性对象时的性别取向，也可能造成永久性的性倒错。

① ［这句话的后半部分及之后的两句写于 1915 年。在 1905 年和 1910 年两个版本中，此处表述为："女孩如果在青春期受到了压抑，竞争的冲动便有可能导致她们对同性丧失兴趣。"］

总　结

下面我们将对以上所阐述的内容做一总结。我们首先以性本能的变态现象为开端，集中探讨了性本能的对象和目的，以及它们究竟是由先天因素决定的还是从后天经验中得到的。通过对精神神经症患者的性本能活动进行精神分析（这部分人群数量众多，且与健康人并无太大差异），我们发现他们中的每一种变态倾向都源于潜意识，这也是导致患病的主要原因。因此我们可以说，神经症是性变态的负面表现。鉴于性变态倾向的存在如此广泛，我们不得不得出这样一个结论，即性变态是人类性本能中原始且普遍存在的一种倾向，而正常性行为则是有机体的变化，及在这一发育过程中心理抑制的结果。我们希望能够在童年时期找到性变态倾向的原始印记。我们还发现，羞耻、厌恶、同情以及社会建构的道德框架和权威是抑制性本能发展的主要力量。因此我们也可以认为任何偏离正常性生活轨道的变态都是因性本能发育受阻而使其停留在幼稚状态的结果。性变态的种类繁多，我们有必要认识到其重要性，但它们与现实生活的影响间并非相互对立而是相互合作的关系。此外，这些原始倾向结构复杂，性本能本身必然是多种因素的聚合体，在性变态行为中，这些不同因素又会分道扬镳，各自为政，因此性变态既可被认为是正常发展的受阻，也可被看做正常发展的一个分支。结合以上两点原因，我们可以作出这样一个设想：成年人的性本能是儿童时期的众多冲动结合在一起造成的，且这些冲动都在为了一个共同的目标而努力。

我们解释了精神神经症患者的变态倾向为何能够占据主导地位。这是性本能的主流在受到压抑后不得不另辟蹊径的结果。[①] 在此之后我们又讨论了儿童时期的性生活问题。令人遗憾的是，我们发现儿童时期存在性本能的事实并不被世人认可，且儿童身上某些常见的性表现也被认为是反常的。但我们认为事实恰恰相反，孩子是带着性行为基因来到这个世界的，在他们开始进食时就已经体会到了性满足，并通过他们熟悉的吮吸拇指的行为试图不断地重复获得这种体验。然而，儿童的性行为与身体其他功能的发展并不同步，在经历了 2 岁到 5 岁间的短期发展之后[②]，他们便进入了我们所说的潜伏期。在此期间，性兴奋的产生并未中断，而是在持续进行并积蓄能量，这些能量在很大程度上被用于性以外的目的。也就是说，一方面，将某些性要素转化为社会情感；另一方面，（在压抑作用和反向作用的影响下）构建起未来抵御性活动的屏障。如此说来，这些约束性本能的力量是在童年时期形成的，主要以牺牲反常的性冲动为代价，同时又借助了教育的力量。

① 这种方法既适用于被动的性变态行为，也适用于主动的性变态行为。性欲停滞在幼儿时期，以及由于性发泄途径受阻而导致性欲退化到幼儿时期都是后者情况出现的原因。因此主动的性变态也可接受精神分析的治疗。[1915 年增注]

② [1915 年增补。但当时说的是“3 岁到 5 岁”，“2 岁”于 1920 年替换了“3 岁”。]

而一部分并没有服务于此目的的幼儿性冲动，则会通过性行为成功地表现出来。此后我们又发现，儿童的性兴奋有多种根源，其中最主要的是从对我们所谓的快感区的适当刺激中获得的性满足。似乎任何一寸肌肤或任何一个感觉器官——也许真的是任何一个器官——都能成为快感区[①]，只是某些快感区因其特定的生理结构，能给人带来更为强烈的快感。此外，性兴奋也似乎是机体活动达到一定强度时所产生的副产品，尤其是当强烈的情绪波动产生时，这就表现得更明显了。此时由不同原因所导致的性兴奋还没有聚合到一起，而是自顾自地追寻着各自的快感，因此在童年时期性本能并没有集中在一起，最初也并没有性对象[②]，只是自体享乐罢了。

生殖器快感区开始越发引人注目也是发生在童年时期，它可能以两种方式体现出来：要么如其他快感区一样，在适当的刺激下令人获得性满足；要么以一种我们尚未清楚的方式，在其他快感区获得满足之际，同时产生与生殖区存在某种特殊关系的性兴奋。令人遗憾的是，我们尚无法对性满足和性兴奋二者之间的关系做出合理解释，也没有搞清生殖区活动与其他性欲来源的活动之间的联系。

通过对神经症障碍的研究[③]，我们发现，早在儿童的性生活之初，性本能的各个成分就开始形成性组织。在最早的初期阶段，

---

① ［破折号之中的话增补于 1915 年。］

② ［“并没有集中在一起，最初……性对象”增补于 1920 年。］

③ ［这句话及以下两段增补于 1920 年。］

口唇快感占据了主要地位，在前性器组织的第二阶段，其主要特征是施虐和肛门性爱。直到第三阶段，生殖器才开始在性生活中发挥作用，而对于儿童来说，第三阶段的发展绝对是为了确立阴茎的主导地位。①

因此我们不得不说，最令人惊喜的发现便是，在幼儿早期（在 2 到 5 岁之间）的性生活中已经出现了对象选择并能给人带来极大的精神享受。因此，尽管各个不同的性本能成分还没有汇聚在一起，性目的还在游移不定，但这一阶段的发展仍应被视为最终性组织形式的重要雏形。

人类性发展的开端主要经历了两个阶段，中途被潜伏期隔开，这应该值得我们特殊关注。这似乎是人类向高度文明发展的必要条件，但也为神经症埋下了伏笔。据我们所知，在人类的动物近亲身上我们并不能找到类似的现象，也许人类的这一特征源自种族的史前阶段。

我们无法断言，儿童时期的哪些性行为是正常的，以及对未来发展能否造成负面影响。此时，性表现的主要特征是手淫，经验进一步表明，外界的诱惑可令潜伏期中断甚至完全终止。而事实上，儿童的性本能存在多种反常倾向，此外，似乎任何此类早熟的性行为都会削弱儿童的可教育性。

尽管我们还没有完全了解幼儿性生活的全部知识，我们也仍要对青春期后性行为的变化加以研究。我们选择其中两项带有决

---

① ［最后一句增补于 1924 年。］

定性意义的过程：一是其他所有性兴奋的来源都将屈服于生殖区的统治之下；二是开始了寻找性对象的历程。这二者在儿童时期都已初现端倪，前者通过探寻前期快感的机制得以实现，即那些曾经独立的、能给人带来快感和兴奋的性行为，现在成了为新的性目的（性物质的释放）做准备的行为，而新目的的实现伴随着极大的快感，同时也宣告了性兴奋的终结。此处我们还应考虑到男女两性的性差异。我们发现，要成为一名成熟的女性，女孩必然要经历一段时期的压抑，将幼儿时期的男性特征抛弃掉，并为生殖区的主导地位做好准备。说到性对象的选择，我们发现，儿童时期孩子对其父母或照料者的依恋决定了他在对象选择时的倾向（在青春期还留有痕迹），但由于乱伦屏障的存在，他们只能选择其他与他们类似的人。最后，我们还要补充一点：在青春期的过渡阶段，生理和心理的发展在某段时间内还不能达成统一，直到强烈的精神上的性欲冲动刺激到了生殖器官的神经系统时，才使正常的身心情爱功能达到统一。

阻碍正常发展的因素

正如许多例子所表现出来的那样，在这个漫长发展过程中的每一步，都有可能成为一个让正常发展停滞不前的绊脚石，令性本能彻底分裂。[①] 我们要做的就是列举出各种不同的对发展造成阻

① ［固着点与神经类型的关系，即“神经症的选择”问题，虽然弗洛伊德早已形成了自己的观点，但在这些文章中并未提及。参见 1896 年 5 月 30 日、1899 年 12 月 9 日写给弗里斯的信（1950a，信 46、125）。在同一时期的另一篇论文（1906a）以及之后的《强迫性神经症的倾向》（1913i）中也深入探讨了这一问题。］

碍的内在因素和外在因素，并指出它们成为障碍的作用机制。当然，下面我们要列举的不同因素并非是同等重要的，很难对每一个因素的重要性做出合理判断，对此，我们要做好充分的心理准备。

体质和遗传

首先，我们要谈一谈先天的性体质差异，这也许是阻碍发展的最重要因素，这种差异可以通过孩子后天的性表现清晰地推测出来，只是并非每次都能得到确定的结论。我们将这种差异看作是众多引起性兴奋的来源中最重要的一种，即使是在正常的范畴内，它也必定会在后来的性行为中有所体现。毫无疑问，我们相信存在某种变异，即使在没有其他因素的协助下，它也必然会导致变态性行为的出现。我们将这种变异称为“变质性”因素，并将其看作遗传变异的表现。此处我要提及一项令人震惊的发现，在我曾用精神分析方法治疗过的严重歇斯底里症患者和强迫症患者中，超过半数或以上的患者的父亲都在婚前感染了梅毒，有些现在已经发展成了脊髓痨或全身麻痹症，而有些在病历上则有着明确的记载。我想要阐明的是，那些后来患神经症的孩子，在他们的生理上并没有表现出遗传了梅毒的迹象，因此他们的变态性体质可能就是遗传了梅毒的后果。尽管我并不想宣称患梅毒的父母是造成子女神经症体质的常见或必要条件，但我也绝不否认，我所观察到的这种关系既非偶然也不容小觑。

因为患者知道如何躲避调查，因此对于主动变态者的遗传条件我们还知之甚少，但我们有充分的理由相信，导致神经症的原因也同样会导致性倒错，因为我们发现性倒错者与精神神经症患者往往来自同一个家庭的男女两性成员。男性（一个或几个）通常是主动变态者，而女性，由于受到性压抑倾向的影响往往成为被动变态者，即歇斯底里症患者①，这个例子充分说明了性变态与神经症之间存在必然的联系。

后天因素

从另一个角度来说，我们也无法接受这样的观点，即性本质的不同成分可以明确决定一个人未来的性生活形式。相反，还存在许多其他的决定性因素。由于个体各自的原因所导致的性生活某方面的改变，也为未来的性发展提供了更多的可能性。显然，这些后天的因素会带来决定性的影响，即便先天体质相同，也可导致三种不同的结果。

第一种：如果各种不同的先天体质之间的关系一直是反常的，且反常程度在性成熟时变得愈加强烈，其结果为会导致性倒错。目前，我们还无法对这类反常的性体质做深入研究，但在此基础上可以很容易地解释一些现象。比如，研究这一问题的学者声称，导致性倒错的必然前提是性本能的先天不足。在我看来，这种观点似乎是立不住脚的。但如果这种观点指的是性本能中某一特定因素即生殖区的先天虚弱，它还是有些道理的。生殖区承担了将各个独立的性行为合并到一起的职责，以实现繁育下一代的目的。

---

① ［弗洛伊德在写给弗里斯的信中（1897年1月11日）（1950a，信55）列出了详细的家族谱。］

如果生殖区比较弱，那么要在青春期将各个独立的性行为融合到一起，将注定以失败告终，而某种其他最强大的性行为成分将会继续以性倒错的形式存在下去。①

压抑作用

第二种：如果在发展过程中，某些过于强烈的性本能成分受到了压抑作用的影响（需要强调的是，并不是被完全消除），那结果将会大不一样。这类过于强烈的性本能成分仍会继续引起性兴奋，但由于受到心理上的阻碍，它们难以实现原有目的，转而寻找其他渠道，并最终以病症的形式表现出来。最后的结果可能是近乎正常的性生活，但个体却受到了某种束缚，因此会同时患有精神神经症。通过对神经症患者的精神分析，我们对这些情况已经有所了解。他们的性生活开始时与性倒错者相似，在相当长的一段童年时期，有倒错的性行为，有些还会持续到性成熟后。由于某种内在压力，倒错的性行为受到了阻碍（通常在青春期之前，但也可能会出现在青春期之后）。此后，神经症取代了性倒错，但旧的性冲动并没有被消除。这让我想起了一句谚语："少时做妓女，老来成尼姑。"所不同的一点在于，青春期的时间要短暂许多。对于同一个人来说，其神经症能够取代性倒错的事实，与之前我们所提到的性倒错与神经症往往出自同一家庭的不同成员一样，再次印证了神经症是性倒错的负面表现形式的观点。

---

① 人们常常发现，青春期最初的性倾向是正常的，但由于势力过于弱小，在面对第一个出现的阻碍时就彻底崩塌了，并退化且固着于倒错的性行为。[1915 年增注]

升华作用

反常的先天性体质所导致的第三种结果就是升华作用的过程，这为源于某种性来源的过于强烈的性兴奋寻找出口，令其在其他领域内大展拳脚，因此原本非常危险的倾向却转化成了可以大幅度提高心理效率的因素。升华作用正是艺术行为的根源之一，升华作用进行得完整或不完整，将决定一个人的艺术天赋，那些艺术天赋极高的人往往是高效性倒错和神经症的结合体。升华作用的另一种表现形式，我们可以在反向作用的压抑过程中有所窥见，正如我们所知，反向作用开始于儿童时期的潜伏期，如果条件适宜，则会终身相伴。我们所描述的一个人的“性格”，在很大程度上有赖于与性兴奋的有关的东西，以及从童年时期就固有的本能、通过升华作用获得的一些产物、用来有效阻止无用的倒错的性冲动的东西。① 儿童时期各种不同种类的性倒错倾向是人类众多美德的来源，因为通过反向作用，它又刺激了美德的发展。②

偶然经验

在影响性发展过程的诸多因素中，没什么比得上释放、压抑和升华的重要性，只是我们尚不了解后两者的内在原因。我们可

---

① 某些性格特征甚至与特定的快感区直接相关。例如，固执、节俭、正直源于肛门性欲，而野心勃勃则由强烈的尿道性欲引起。［1920 年增注］

② 洞悉人性本质的左拉（E. Zola）在《生的快乐》一书中描述了一个快乐且无私的女孩，可以不计回报地为所爱之人牺牲金钱和希望。但是，这个女孩在童年期十分渴望得到爱护和关怀，当她发现自己由于其他女孩的原因而受到冷落，她就会变得冷酷无情。

以将压抑和升华看作是先天体质的一部分，是其在现实生活中的具体表现，持有这种观点的人理所当然地认为性生活的最终形成主要是由先天体质所决定的。然而，但凡对生活有所观察的人都会意识到童年时期及以后经历的偶然事件也会与其他因素产生相互作用，我们很难评估先天体质与偶然因素的功效孰强孰弱。[①] 从理论上讲，前者的效力容易被高估，而治疗实践又很强调后者的重要性。但我们决不能忽略一点，即先天体质与后天偶然因素二者是相互协作，而非相互对立的。体质因素必须在后天经验因素的作用下才能发挥作用；而偶然因素也必须以体质因素为基础其作用才能得以实现。对大多数情况而言，我们可以用“补充系列”（complemental series）来描述这两种因素之间此消彼长的关系[②]，即一个因素强度的下降必将导致另一个因素强度的增加，但我们也不能否认在这个系列的两端会存在某些极端案例。

在众多偶然因素中，如果我们能更加看重早期童年经历的话，我们就会得出与精神分析相一致的结论。单一的病因会分为两个方面：一方面为素质的（dispositional），另一方面为决定的（definitive），在前者当中，体质因素与童年时期的偶然经验相互作用，而后者指的是创伤性经验。所有损害性发展的因素都会造成退化，令个体退回到发展过程中的早期阶段。

---

① ［本段后半部分以及下一段增补于1915年。］

② ［在1915年的版本中，此处所采用的术语为“aetiological series”，1920年被“complemental series”所取代。后者第一次在《精神分析导论》第22讲中出现，此后再出现时便没有再做改动。］

现在让我们回到之前的任务上，将那些影响性发展的因素依次列举出来。在此，我们不考虑是因素本身就是操作力量，抑或仅仅是这些力量的表现。

早熟

自然的性早熟就是这众多因素当中的一种，我们可以肯定的是，它是造成神经症的病因之一。与其他因素一样，性早熟本身并不足以导致神经症，它会造成幼儿潜伏期的中断、缩短或中止。由于性抑制发展的不完全以及性器官还未开始发育，性早熟也会造成性表现上的障碍，其本质必然是倒错的。这种倒错的倾向要么就此持续下去，要么在压抑介入之后，成为神经症的根本动力。无论在哪种情况下，性早熟都会增加更高级的心理机能对性本能控制的难度，除此之外，它还会使性冲动在心理表征上的表现增强。性早熟在发展过程中通常与智力早熟相伴，在许多精英名人的童年经历中我们都可以发现这一现象，在这种情况下，性早熟的影响力并不会像其单枪匹马时那么具有病理作用。①

时序因素

除性早熟以外，还有一些我们所谓的“时序因素”也值得给予特殊关注。各种性冲动以什么样的顺序出现，持续多长时间才能被新出现的性冲动所取代，或者是臣服于典型的压抑作用之下，这些似乎都是由物种所决定的。然而，无论是性冲动发生的先后

---

① [弗洛伊德在《对小汉斯的分析》第三章第三节的开篇对此做出了评论(1909b)。后面一段增补于1915年。]

顺序，还是它持续的时长，都存在一些能够对最终结果造成决定性影响的变数。与性冲动误入歧途比起来，它在时间上出现的过早或过晚也应该引起人们的足够重视，因为压抑作用的效果是不可逆的。性冲动的各个成分在时序因素上的变化也必然会导致结果的不同。另一方面，强烈的性冲动出现时，其持续时间是极其短暂的，正如那些后来成为同性恋者的人也曾经出现过异性恋的倾向，因此我们不必担忧孩子们强烈的暴力倾向会一直持续并主宰其成年后的性格，它们很可能会消失或反其道而行。

对于性发展过程中时序因素错乱的原因，我们还无法提供明确的线索。这可能要涉及生物学甚至是历史学方面的问题，而这远远超出了我们的能力范围。

早期性印象的持久性

某种不明原因的心理因素提升了所有早期性表现的重要性，在此我必须承认，它只能暂且被看作是一个假想的心理学概念。我认为，为了对这种情况做出解释，我们有必要假设那些后来成为神经症患者或性倒错的人，都对早期的性生活印象深刻，或是想不断地重复体验这种感觉。而同样的性早熟表现，若发生在其他人身上，就不会留下如此深刻的印象，他们不会想要重复这种行为，性早熟也不会对其性本能步入歧途有所帮助。对早期的性印象为何一直持续的另一种解释恐怕在于另外一种心理因素。它在神经症的成因中不容忽视，也就是说，在患者的头脑中充满了对过去的回忆，这些回忆甚至掩盖了对近来所发生的事的印象。这一因素显然与智力教育有关，一个人的文化程度越高，这种倾向就越明显。反之，野蛮人则被称为“生活在当下的不幸之子”①。文明与自由的性发展之间颠倒的关系，造就了今日我们的生存结构：在文明程度相对较低的社会形态中，儿童的性生活并不会对未来造成影响；反之，在文明程度较高的社会形态中，儿童的性生活就非常重要。

反常性行为的固化

以上我们所列举的这些心理因素，如同偶然经验一样，为幼儿性生活的发展提供了有力的刺激。后者（受到其他孩子或成年人的引诱）提供了素材，前者（心理因素）提供了帮助，它们共同将一个人长久地固着在反常的性行为中。通过对神经症患者和性倒错者的观察我们发现，在正常性生活中，有相当一部分的反常性行为就是由童年时期的性印象造成的，而童年时期竟被认为是没有性生活的。此外，先天体质、性早熟、早期性印象的持久性和外部影响对性本能的偶然刺激，都可能是造成这一现象的原因。

然而，通过对性生活种种障碍的研究，我们得出了一个尚不能令人满意的结论，即由于我们对构成性本质的生物过程知之甚少，我们还无法从这些碎片信息中提取出一个既能对正常现象又能对病态现象做出充分解释的理论。

① 早期性活动在身体方面的强烈表现可能会令一个人的责任感增强。

下　篇

爱情心理学

第四章
男性对象选择的一种特殊类型

迄今为止，一直都是由富有想象力的作家在为我们描述，到底是什么样的“择偶条件”在指导人类做出对象选择，以及人们是如何在想象中的要求与现实二者之间求得和谐统一的。作家确实具备某些特定的品质，使其能够胜任这一工作：首先，他们能够通过细致入微的观察洞察到隐藏在他人心底的情绪起伏；其次，他们有勇气向读者展现自己的潜意识世界，在作品中进行自我剖析。但由于某些原因，他们的作品的参考价值会大打折扣。因此，作家必须在给读者带来智性和审美上的快感的同时，也能唤起他们的情感共鸣。由于这一原因，作家不能丝毫不爽地将现实呈现出来，而是必须对其进行分解，剔除那些干扰因素，再对缺失部分进行弥补，以求全文能够和谐流畅，这就是我们所谓的“诗意的特权”。然而，对于他们笔下所描绘的心理状态，作家并没有兴趣去探究它们的起因与发展。如此一来，其结果必然是，当科学家面对几千年以来被艺术家在作品中描绘得引人入胜的同样材料（爱情）时，他们反而笨手笨脚，甚至其发现本身也令人觉得兴味索然。正如我们所希望的那样，这些发现将向我们证实，我们对于人类爱情领域的研究完全经得起科学的考验，科学研究已经远远超越了人类心理活动的“快乐原则”

(pleasure-principle)。

在精神分析的治疗过程中，我们有足够的机会搜集到神经症患者在恋爱中的行为方式，同时，我们也能回忆起——通过我们的所见所闻——类似的行为也曾出现在正常人甚至是一些杰出人士的身上。如果研究者恰巧可以搜集到充分有力的样本素材，经过统计整理之后，便可对各种不同的类型进行清晰的划分。首先，我们来介绍男性的一种对象选择类型，这种类型的特点就在于它的“择偶条件”，这些必要条件会令人感到迷惑和费解，只有通过精神分析才能对其做出清晰的解释。

在所有的“择偶条件”当中，第一条最为特殊：一旦在一个人的身上发现了这一点，那也就意味着在他的身上同时还可发现该类型的其他特点。我们将这个条件称为“受伤的第三者”，即这类男性在选择对象的时候，绝不会对那些未婚的或是离异独居的单身女性感兴趣，而仅对那些已婚的、订了婚的或是已经有了男朋友的女性着迷。在某些极端情况下，如果一位女士并没有与哪位男士缔结所属关系，就会受到这类男性的忽视，甚至还会遭到嫌弃；而一旦这位女士名花有主了，她就会立即成为被热烈追求的对象。

第二个条件虽然不那么恒定，但也同样引人注目。它常常与第一个条件相伴出现，而第一个条件却常常是单独出现的。这个条件的特点是，这类男性从不会把那些纯洁正派的好姑娘作为自己的择偶对象，却只会爱上那些私生活不检点的，朝三暮四且无法从一而终的女性。就后者特征而言，这类男性所偏爱的口味也会存在程度上的差异，他们所喜欢的有可能是善于调情的有夫之妇、四处留情的交际花又或者是深谙情爱之道的“万人迷”。总之，这类男性是绝对不会对良家妇女感兴趣的。说得粗俗点儿，这第二个必要条件也可以被称为“非妓女[①]不爱”。

如果说第一个条件能够满足男性要与自己的情敌一较高低的欲望，那么第二个条件当中，由于男性钟情的都是些荡妇，这就免不了要尝尝妒忌的滋味，而这对于这个类型的人来说也是必不可少的。只有当他们妒火中烧时，他们的激情才能到达顶点，女性也才能充分实现她们的价值。因此这类男性绝不会放过任何一个可以点燃心中妒火的机会，并任由其发展成燎原之势。令人奇怪的是，他们从不会嫉妒这些女性的合法伴侣，倒是对首次出现在她们身边的陌生人充满了怀疑。在某些情况下，男性甚至不想独自占有一个女性，并极其享受自己置身其中的三角关系。我有一位患者，他曾因为自己情人的出轨行为而饱受折磨，但对于情人即将结婚的事实，他却没有提出任何异议，甚至极力促成此事，并且在接下来的若干年里，他也并没有表现出对情人丈夫的半点儿妒忌之情。另一个典型的病例是，一位患者曾经对自己初恋情人的丈夫嫉妒至极，甚至想办法要终止他们的婚姻，但在其后的若干段感情经历中，他也变得与这一类型中的其他男性一样，不再把情人的合法丈夫视为绊脚石了。

上文中我们总结了男性要求他所选择的对象必须具备什么样

---

① ［德语中为“dirne”，在此处及本章的其他地方，将其译为“妓女”一词并不合适，因为英语中的“妓女”一词过于强调金钱，用“harlot”似乎更贴切，只不过这个词现在听起来有些老套了，甚至带有《圣经》的色彩。］

的条件，接下来我们要介绍的是，在恋爱中男性是如何对待自己的恋爱对象的。

在正常的恋爱关系中，女性会因为洁身自好而被人高看一眼，而生性放荡则会遭人唾弃。但现在我们所说的这类男性却将这些放荡的女性当成自己的梦中情人，这实在是有些离经叛道。要与这类女性保持恋爱关系，非得要费些心思才行，但这也正是令他们着迷之处。他们把自己的情人看成是此生的唯一爱人，并一再要求情人对他们保持忠贞，尽管现实中常常是事与愿违的。此处我所描述的恋爱关系明显具有强迫症倾向，虽然每一个沉浸在爱情当中的人或多或少都会有这种倾向，但千万不要认为一段忠贞不渝、激情澎湃的爱情就足以构成你一生的情感生活，或是此生唯一的一次。相反，同样的情缘会在这类男性身上一而再、再而三地反复出现，且每一次都是对过往经历的重现。在现实生活中，由于居住地点和生活环境等外界因素的改变，他们的恋爱对象会频繁地发生变化，进而构成了一系列的感情经历。

最令研究者感到震惊的，就是这类男性所表现出来的想要拯救自己心爱女人的冲动。

他坚信自己的情人需要他，要是没有他，这个女人就会道德沦丧，陷入道德的谷底。因此，他通过控制和约束来拯救这个女人。在某些个别案例中，男性产生想要拯救一位女性的想法是因为她的私生活真的不太检点，是社会中的不安定因素，但如果这位女性在现实生活中并不存在这样的问题，他也还是会依此照办。我便认识一位这种类型的男人，他深知如何讨人欢心，利用花言巧语和雕虫小技来引诱女性，接着就会想方设法地让女性在恋爱过程中对他保持忠贞不渝。

如果我们重新审视一番这类男性所具有的不同特征，就可以发现：这类男性所爱的女性必须是名花有主、生性放荡之人，他们对这样的女性会另眼相看，他们想有体验妒火中烧的需求，他们想对这样的女人忠贞不贰，但又长期与其他女性保持不正当的关系，并且他们还具有拯救女性的强烈愿望。这类男性为什么具有这些特征？单独一个原因似乎很难对此做出解释。然而，通过精神分析对这类男性的生活经历进行剖析，我们不难发现这样一种单一根源。他们的择偶条件为何如此怪异？他们在恋爱中为什么总持这种行为方式？这一切都与正常人恋爱的心理根源一样，可以追溯至幼儿时期对母亲的依恋，如今的行为也都是对母亲的依恋所造成的结果。在正常的爱情生活中，男性在选择对象时，仅有少数人会原封不动地将母亲的原型特征保存下来，例如，青年男子对年长成熟女性的偏爱就属于这种情况，但是正常人会将自己的力比多迅速地从母亲身上挣脱。然而，我们所说的这类男性，他们对母亲长久地保持着依恋，甚至一直持续到青春期以后，这就导致他们在未来所选择的恋爱对象都具备母亲的特征，很容易就被看成是“母亲的替代品”。此处我们可以借新生儿的颅骨形状来打个比方：若母亲分娩的时间过长，孩子的颅骨形状就会与母亲骨盆的狭窄处极其相似。①

---

① ［在1924年之前的各个版本中，“shaped”一词为“deformed”，意为“变形”。］

下面我们就要提供一些证据来证实，这种类型的人格特征，如择偶条件和恋爱行为，确实是源自与母亲有关的心理情结的。似乎最容易找到的是第一个条件的证据，即他们所选择的女性必须身有所属，或者说，这段关系中必然存在着一个“受伤的第三者”。很显然，对于一个在家庭环境中成长起来的孩子来说，母亲在本质上就是属于父亲的，而“受伤的第三者”正是父亲的化身。他们过于高估自己的恋爱对象，认为她们是独一无二、不可替代的，这自然也是源自他们儿时的经历，每个人都只能拥有一位母亲，孩子与母亲之间的亲情既是毋庸置疑的，也是无法复制的。

如果明白了这类人所选择的恋爱对象都是母亲的替代品，那么，他们频繁更换恋爱对象的行为看似与母亲的不可替代性相矛盾，但其实也并不难理解。通过对其他案例的精神分析，我们发现，所谓在潜意识中认为不可替代的东西，都会令人们在现实中无限循环地追寻下去，因为每一个替代品都无法完全满足他们的期望。类似的情况还有，孩子在某一个年龄时，都会追着一个问题问个不休，并且他们问的始终都是同一个问题，但似乎总也找不到令他们满意的表述方式。① 同理，神经症患者所表现出来的喋喋不休也属于这种情况，他们处于一种隐秘的压力之下，想通过自己的喋喋不休向世人表露心迹，但又总是欲语还休，多次尝试

① [弗洛伊德在《达·芬奇对童年的回忆》(1910c) 一文中也曾提到了这一点。]

却始终未果。

与此相对，此类人择偶的第二个条件，即他们只会对荡妇般的女人产生兴趣，这似乎与恋母情结是背道而驰的。在一个头脑清醒的成年人的意识里，母亲被看作是纯洁无瑕、神圣不可侵犯的圣母。若是有人在道德方面对母亲提出质疑，他会认为这是一种冒犯；倘若自己心里也产生了这样的疑虑，那他可就要倍感煎熬了。“母亲”与“妓女”所构成的鲜明对比促使我们继续探寻这两种情结的发展历史以及二者在潜意识中的关系，因为此前我们早已发现，在意识中相互对立的双方，很可能在潜意识中是一个整体。[①] 通过研究我们发现，男孩大约在青春期之前就已经掌握了成年人间的性关系的基本知识。通过那些不加掩饰又带有挑逗性质的污言秽语，孩子们窥见到了成人世界里有关性生活的秘密，随着成年人性行为的暴露，他们在孩子心目中的权威形象也随之坍塌，因为孩子觉得在他们内心当中地位崇高的父母是不应该做出这种行为的。刚刚得知这些秘密的孩子，内心会受到巨大冲击，在对待自己的父母时会表现得更为强烈。他们往往拒绝承认自己的父母有性生活的事实，辩解道：“你们的父母可能会做那样的事，但我的父母是绝对不可能这样做的。”[②]

由于接受了性启蒙，男孩子还了解到社会上存在这样一种女

---

① ［弗洛伊德在《释梦》（1900a）中已经提到了这一事实（标准版，第4卷，p. 318）。在《诙谐及其与潜意识的关系》（1905c）第六章中做了更详细的解释。］

② ［见弗洛伊德的论文《儿童性理论》（1908c）中的最后一节。］

人，她们靠与人性交来谋生，也因此遭人唾弃。男孩子对此当然是无所谓的，而一旦知道他们也可以在这些女人的帮助下享受性爱的欢愉，过上只有成年人才被许可的性生活时，他们的内心恐怕是既渴望又恐惧的。此后，他们发现自己的父母并不是什么例外，他们和其他夫妻一样过着令人作呕的性生活。他们也会很讽刺地告诉自己，自己的母亲与妓女之间其实也没有太大区别，毕竟她们做的都是同样的事。他们所接受的性启蒙信息实际上还唤醒了他们对幼儿时期的印象和愿望的记忆，这些记忆能够激活他们的某种特定的心理冲动。在这个心理冲动的驱动下，他们又开始渴望母亲，把父亲看作是自己的情敌，憎恨他们阻碍了自己愿望的实现，陷入了我们所说的“俄狄浦斯情结”[①]。他们无法原谅母亲赋予了父亲可以与之性交的特权，却没有选择与自己性交，他们认为这是母亲对自己的不忠。如果这种内心的冲动不能迅速消失，那么他们就只能在自己的幻想当中宣泄自己的相思之苦，这些幻想通常都与同母亲发生性行为有关，情节离奇但除此以外别无他法，而他们的紧张感最终只能通过手淫得以缓解。对母亲的渴望与对父亲的仇恨，在这种情结的双重作用下，他们最常想到的就是母亲对自己不忠的画面，而母亲出轨的对象又常常伴有男孩自己的特点，或者更准确地说，是具有男孩理想中的人格，可以在成年后与父亲相抗衡的人。我在别处曾经描述过的“家庭

① [这似乎是弗洛伊德首次公开使用该术语，虽然他应该早就熟悉了这一概念(见标准版，第 4 卷，p. 263)，他曾经在上一注脚中所提及的论文中和《精神分析五讲》(1910a) 当中提到过“核心情结”(nuclear complex)。]

罗曼史”[①] 的概念，恐怕就是男孩们在这一时期产生的纷繁的幻想与各种以自我为中心的想法交织而成的。

既然现在我们已经了解了这方面的心理发展过程，那么我们也就明白了为什么说某些男性在择偶时非荡妇不爱的特点实际上源自他们的恋母情结，这两者并不冲突。我们所讨论的这类男性的感情生活是受到了青春期心理发展影响的结果，简单点儿说，就是他们过于沉浸在青春期的幻想当中，这些幻想在日后的现实生活中都或多或少地影响了他们的感情生活。不难理解，青春期的过度手淫也是导致他们沉迷于幻想的重要原因。

这些幻想成功地主导了男性在现实中的感情生活，相比之下，想要拯救他们所爱之人的强烈愿望就显得太没有意义了，但也更容易被理解。由于这些女性天性就自甘堕落、水性杨花，常使自己陷于危险的境地，因此男性想要通过监管她们的德行，抑制她们的恶习，以此来帮助她们脱离险境，也就不难理解了。然而，对于隐蔽性记忆（screen-memories）、幻想和梦的研究表明，我们将潜意识当中的动机恰到好处地“合理化”了，其过程与梦境的“二次加工”类似。事实上，“拯救动机”有其自身发展的历史和意义，它是恋母情结，或者更确切地说恋亲情结独立的衍生品。当一个孩子得知他的生命是父母给的时，或者说是母亲给的时，他对父母的爱就会与日渐强大和独立的冲动结合在一起，进而产生想要以同等价值的礼物报答父母的愿望。男孩在表述这一愿望时

① ［见兰克《关于英雄出生的神话》(1909c)。］

说得像是在向成人发起挑战："我什么都不会要我父亲的，我欠他的一定会全部还清。"此时，他就会幻想自己要将父亲从水深火热当中解救出来，对他施以救命之恩，这样他们的恩怨才可一笔勾销。在幻想当中，父亲最常以皇帝、国王或其他大人物这样扭曲的身份存在于人们的意识中，甚至为作家的写作提供了素材。在实际应用中，最重要的部分就是男孩在幻想中对父亲施以援手以此来挑战父亲的权威，而对于母亲的处理，则充满了浓浓的爱意。母亲给了孩子生命，此等大恩大德，孩子无以为报，但只要在潜意识中将意义稍加变换（事实上，不同的概念在意识中相互转换也是很常见的），拯救母亲的意义就转化成了帮她生一个孩子，当然，必须是一个与自己相似的孩子。这与"拯救"一词的原始含义并无太大差别，出现的一点儿微小改变也算是合情合理。母亲给予了他生命，作为回报，他给了母亲另一个与自己高度相似的孩子，以此来报答母亲的恩情，换言之，在这个与拯救有关的幻想中，他完全把自己当成了自己的父亲。他的柔情、感激、贪婪、挑衅和专横等各种本能，在幻想自己成为父亲的一瞬间都获得了满足。然而，微小意义的改变并没有消除"拯救"一词原始含义中的危险因素，因为生育本身就要承担一定的风险，是母亲的能力拯救了他。出生既是我们此生所经历的第一次危险，也是在未来引起我们恐慌的所有危险的原型，出生时的经历很可能给我们的一生留下心理阴影，即恐惧。苏格兰传说中的麦克达夫（Macduff）不是由母亲生育出来的，而是从母亲的子宫中破膛而出的，因此他不知恐惧为何物。[①]

古时候的释梦者阿特米道鲁斯（Artemidorus）认为，梦的意义取决于做梦者为何人[②]，这一点完全正确。受潜意识思想表述规则的制约，男性和女性由于性别上的差异，他们在潜意识中对拯救的理解也互不相同。对于男性来说，“拯救”就意味着让母亲生一个孩子；而对于女性来说，“拯救”则意味着要自己生一个孩子。如果我们将梦境或幻想当中出现的拯救的不同含义与水的概念联系起来的话，拯救的意义就会变得更加清晰。如果一位男性梦见自己从水中救起了一位女性，那就意味着他要让这个女人成为一位母亲，根据前文可知，这位母亲就是他自己的母亲。如果一位女性从水中救起了其他人（一个孩子），那么她就会把自己认作是孩子的母亲，正如摩西神话中法老的女儿一样（兰克，1909）。有时，在他们的拯救幻想当中也会对父亲展现自己的柔情爱意，此时，他们就会把父亲想象成自己的孩子，或者说，想有

---

① ［《麦克白》第 5 卷，第七章。这是弗洛伊德对生育与焦虑间的关系的首次详细阐述。在为《释梦》（1900a）第六章第五节所加的注脚（1909）中，他已经谈到了这个问题（标准版，第 5 卷，pp. 400－401），在 1909 年 11 月 17 日召开的维也纳精神分析学会的会议上也提到了这个问题（见琼斯，1955，p. 494）。《精神分析导论》（1916—1917）第 25 讲的开篇对此进行了更加深入的探讨。但对于该问题最长篇幅的讨论却见于《抑制、症状与焦虑》（1926d），尤其在第二、八章和十一章的 A（b）部分，他已在很大程度上修正了原来的观点。在精神分析研究的初期，弗洛伊德并没有将焦虑的症状与分娩的经验联系在一起，而是将其与性交相联系，见关于焦虑性神经症第一篇论文第三节的倒数第二段（1895b）以及写给弗里斯的信的清样（E）中的最后一节（1950a）。］

② ［参见《释梦》第二章第一节（1900a）（标准版，第 4 卷，p. 98）及 1914 年追加的注脚。］

一个像自己父亲一样的孩子。[①]

正是拯救动机与恋亲情结之间紧密的联系，才使得想要拯救爱人的欲望成了我们所探讨的这类爱恋关系中的重要特征。

我觉得没有必要为我在这个问题上所采用的研究方法辩护，正如当初我提出肛门性欲这个概念时一样（弗洛伊德，1908b），在此我的首要目的仍然是要从通过观察得来的材料中挑选出那些典型的、类型明确的案例加以研究。有很大一部分人只具备上述类型中的少数几项特征，或是他们具有的特征不够明显，无论哪种情况，都只能通过对这一类型中的所有特征进行全面分析，才能对他们有一个合理的认识。[②]

① [弗洛伊德在1911年为《释梦》第六章（E）追加的一节中提到了有关拯救的梦（标准版，第5卷，p.403)，在《梦与心灵感应》(1922a）的论文中，弗洛伊德对女性的拯救之梦进行了分析（标准版，第18卷，p.212)。]

② [弗洛伊德在本章完成之后所写的另一篇论文中（1920a)，对发生在一个同性恋女孩身上的相同类型的对象选择做出了解释。]

第五章 论情欲生活中普遍的衰退趋势

一

如果问一位临床精神分析师，在他的患者当中患哪类心理障碍的人数最多，他一定会回答说，如果不考虑各种类型的焦虑症的话，那一定就是心理性阳痿了（psychical impotence）。这种心理障碍常会困扰那些性欲旺盛[①]的男子。他们的性器官在性行为过程中会突然罢工，尽管在性交前后它们都表现出了完好的功能性，而且他们也确实有想要进行性行为的强烈欲望。最早察觉到这种情况的是患者本人，他们发现自己只是在与某个特定的人发生性行为时才会出现障碍，与其他人性交就完全不存在问题。之后他就意识到是性对象的某种特质引发了他的性无能，有时他还会报告说他感到了一种来自内部的阻力，这个阻力如同一股反作用力

---

① ［德语原文为“libidinös”，为了区别技术术语“libidinal”，因此在这里采用了“libidinous”一词。］

一样，成功地阻止了意识想要达到的目的，但他并不知道这个内在的阻力到底是什么，以及究竟是性对象的哪种特质启动了这个内在阻力。如果他在这个问题上屡遭挫折，他就很可能将这一切与错误联结（ertoneous connection）联系起来①，认为是第一次的失败经历给自己留下了心理阴影，因此才导致自己不断地重蹈覆辙。然而，对于第一次失败的缘由，他却归结为一场意外。

已经有众多学者通过精神分析对心理性阳痿进行了研究，且都已经著书立说形成了自己的个人观点②，每一个分析师都能从自己的行医经验中找到证据证明自己的理论。事实上，心理性阳痿是由某种特定心理情结引起的障碍，但患者本人却并不自知。患者心中普遍存在着难以抑制的要与母亲或姐妹乱伦的欲望，这似乎是导致其患病的最主要也是最普遍的原因。此外，偶然的一次失败经历也会令患者将其与幼儿时期的性行为联系起来，这些因素通常会降低患者对女性性对象的欲望。③

当我们通过精神分析的深入研究，发现了某些典型心理性阳痿案例时，我们也就掌握了患者的性心理过程。正如我们所知，在力比多达到最终的正常状态之前，若它在发展过程中受到了阻碍，就会造成某种失调，这也许是所有神经性障碍的致病根源。正常的爱

---

① ［与“false connection”相比，此处的对比略有差别，前者在《歇斯底里症研究》（1895d）中有过描述（标准版，第2卷，p. 67）。］

② ［斯特纳（Steiner，1907）、斯代克（Stekel，1908）及费伦茨（Ferenczi，1908）。弗洛伊德为斯代克的书写过序言（弗洛伊德，1908f），此后也为斯特纳的书做过序（弗洛伊德，1913e）。］

③ ［斯代克（Stekel，1908，p. 191）。］

与行为必须有赖于两类情感的合作，而在我们目前所讨论的案例中，这两类情感，即真情与肉欲总是无法顺利地结合在一起。

在这两类情感中，真情通常会早于肉欲出现。在孩子年龄尚小时，孩子就已经出现了情感，它的出现是出于孩子自我保护的需求，对象主要集中在家庭成员和孩子的照料者的身上。真情自诞生之日起就带有性本能和情欲的成分，在儿童时期就已初露端倪，之后对神经症患者的精神分析更是印证了这一点。这种真情也体现了孩子最基本的对象选择类型。通过这种研究我们发现，性本能对第一批对象的选择是通过让自身接受自我本能的评价来实现的，就好像最初的性满足都是通过以保护自身生命为目的的身体功能来实现的。[①] 父母和照料者毫不避讳他们对孩子的爱中掺杂着情欲本质（认为孩子就是一个情欲玩具），这大大诱发了孩子自我本能中的情欲成分，如果再受到某些外部因素的影响，孩子的情欲就会进一步膨胀，这势必要在未来的发展中充当重要角色。

真情贯穿于孩子的整个童年时期，并不断地融入越来越多的情欲成分，但此时的情欲并没有与性目的达成统一，直到青春期以后，真情与强大的肉欲交融在一起，他们才找到了正确的性目的。显然，肉欲仍在重复着儿时的脚步，对幼儿时期所选择的性对象投入更多的力比多。然而，此时肉欲却受到了阻碍，由于对乱伦的禁忌，他们发现儿时所选择的性对象在现实生活中并不合

① ［此后在《论自恋》（1914c）一文中，弗洛伊德对对象选择的“依恋性”做了更充分的解释。］

适，他们急需尽快找到其他的与自己无关的人作为自己的性对象，以此来开启真正的性生活。重新选择的性对象仍然要参照儿童时期的性偶像（潜意识中的），但随着时间的流逝，他们会将过去投注在母亲和照料者身上的真情全部转移到新的性对象身上。按照《圣经》的约定[①]，一个男人终归要离开父母去追寻自己的爱人，只有这样真情和肉欲才能结合在一起。最强烈的肉欲之情通常伴随着精神上对性对象的欣赏，男性普遍来说都会高估自己的性对象。

力比多的发展是否能够走向成功主要由两个因素来决定。首先，选择新的性对象时可能会遭遇挫折（现实的打击），这将有损性对象在其心目中的形象。毕竟如果现实中根本无对象可选或是选不到自己心仪的，那就必然会遭遇挫折。其次，在成年后本应被抛弃的儿时的性对象还仍然对他们构成吸引力，这便导致他们沉溺在幼儿时期的情欲世界中无法抽离。如果这两个因素的影响力都很强大，那就很可能患上神经症。力比多从现实生活中逃离，取而代之的是一些胡思乱想，即内倾向过程（introversion）。在想象中，最初的性对象的形象被强化，并令人对此难以忘怀。然而，对乱伦的禁忌却致使本已转向了这些性对象的力比多只能藏匿在潜意识中。由肉欲冲动引发的手淫行为正是在潜意识中对这种原始欲望的满足。即使在现实中并没有踏错半步，所有这一切只是在想象中完成，事情的本质也没有改变，如果要在幻想中通过手

① ［《创世记》第2章，24行。］

淫获得性满足，那么性对象的选择也可以更加多样化，不必纠结于最原始的对象。在幻想中对原始性对象的替代使之能够被意识所接受，但力比多却没向现实做出半点儿让步，它仍然藏匿在潜意识之中。因此，一个青年男子的全部肉欲在潜意识[①]中都是与他的乱伦对象联系在一起的，或者说，沉迷于潜意识中的乱伦幻想当中无法自拔。其结果便会导致彻底的阳痿，如果同时他的性器官又很虚弱，那就会让情况变得更糟。

如果情况没有这么严重的话，就会导致心理性阳痿。肉欲并不会总是完全藏身于真情之下，它的能量过于强大，总有一部分要在现实中得以释放。然而，心理性阳痿患者最明显的特征是，他们心中并没有本能的心理驱动力，因此他们的性活动变幻无常，极易受到干扰，常常无法正常进行性行为，也无法享受其中的乐趣。但最重要的，是在性行为当中避免付出真情，这就限制了他们对性对象的选择。膨胀的肉欲只会寻找那些不会引起乱伦嫌疑的人为对象。如果他们遇到了一位令其倾心并极其欣赏的女性，他们便不会对其产生肉欲上的兴奋，仅保持一种无性的柏拉图式的爱。这类人的情感生活会走向两个方向，艺术上将其比拟为神圣之爱与世俗之爱（动物之爱）。他们对所爱之人不会产生非分之想，令他们想入非非的人也必不是他们所爱。他们想要寻找的对象最好是无须让他们付出太多情感的人，这样才能让他们把肉欲

① ［在1924年之前的版本中，此处采用的都是较为生僻的“unbewusstsein”，即“unconsciousness”。］

从所爱之人的身上转移开来，然而，根据“情结敏感性”（complex sensitiveness）[①] 和“压抑回归性”（return of the repressed）定律，越是要压抑要逃避的，就越有可能要面对。因此，本来出于避免引起乱伦的目的而选择的性对象，有时反而会通过某些特征（通常并不明显），令他们重新想起被禁忌的原始对象，此时，心理性阳痿就出现了。

要在男性分裂的情感生活中避免这类障碍，最主要的防护措施就是在心理上对性对象的“贬低”（debasement），因为男性通常会高估自己的性对象，甚至将她们与自己的乱伦对象等同视之。一旦在心理上“贬低”性对象的条件达到了，肉欲便可畅通无阻，重要的性功能和高质量的性快感也可以实现了。另外还有一个原因也会导致这种情况。那些真情与肉欲无法顺利地结合在一起的人，他们的性生活通常也不会太美满，他们仍保持着倒错的性目的，如果目的没达成，他们就会完全提不起兴致，而似乎只有通过对性对象的贬低和鄙视才能令他们获得满足。

现在我们便可以理解前文所提到的男孩将母亲贬低为妓女的幻想，以及隐藏在这一幻想背后的动机。他们这样做的目的就是在情爱中的真情与肉欲之间架起一座桥梁，在幻想中将母亲降格为肉欲对象。

---

① ［这一术语出自荣格的词汇联想实验，弗洛伊德在《对“鼠人”的分析》(1909d) 中也使用过这一术语，标准版，第 10 卷，p. 210。］

二

在上一部分当中，我们从医学心理学的角度探讨了心理性阳痿，这与本章的题目看起来关系并不大。然而，对于我们目前要讨论的问题来说，这篇引论的意义就不言而喻了。

心理性阳痿是由于情欲生活中的真情与肉欲无法顺利结合而导致的，而对童年时期性对象的强烈的依恋以及之后因为乱伦的禁忌而遭遇的现实的打击，也同样造成了这一发展障碍。但在对这一理论提出的反对意见当中，最重要的就是认为它说得过于绝对了。它解释了为什么某些特定群体易患心理性阳痿，但却没有说明为什么其他人就可以幸免。既然我们承认说，强烈的儿童固着、乱伦禁忌和青春期后发展中所遭遇的挫折等一系列相关因素，在每一个文明人身上都有可能出现，那么理所当然，心理性阳痿就应该是文明社会中普遍存在的困境，而非少数个体的障碍。

如果我们注意到量的因素在决定疾病的形成与否上所具有的重要意义，即不同因素在数量上的变化会直接决定个体能否患病，那么我们就可以轻而易举地推翻这个结论。但尽管我认同这种说法的正确性，却并不会因此把它当作否定这一结论的理由。相反，我认为心理性阳痿要比我们想象的更加普遍，事实上，这种现象是文明人情欲生活的典型特征。

我们将心理性阳痿患者的概念扩展一下，而不仅仅局限于下列情况：内心想要获得性快感，性功能也是正常的，但却无法完成性行为的人。除此以外，还有些被称为“心理性冷感”（psychanaesthetic）的男性，他们倒可以顺利完成性行为，但却丝毫体验不到性爱的乐趣。这类人同样比我们想象的要多，他们也应该被归为心理性阳痿。暂且抛开二者在症状上的差异不谈，精神分析对这类案例的研究表明，此类病症与狭义的心理性阳痿具有相同的致病源。我们常会把性冷感的男人们与同样数量众多的性冷淡的（frigid）女人们做类比，要想描述或了解性冷淡女性在情感生活中的行为，最好的办法便是将其与更加明显的男性心理性阳痿进行对比。①

如果我们既能够把关注的重点放在扩展心理性阳痿的概念上，又能把不同程度的症状都发掘出来，那么我们必然会得出这样的结论：在当今的文明社会中，男性的情欲行为普遍都带有心理性阳痿的烙印，只有极少数有教养的人士才实现了真情与肉欲的完美结合。对女性的敬重似乎总是困扰着男性，成为禁锢其性行为的枷锁，只有在地位卑微的性对象面前，男性才能充分施展自己的性能力。这在一定程度上也是因为男性的性目的中包含了变态的成分，因此在自己尊重的女性面前，他不敢恣意妄为。只有当他毫无保留地全情投入到性爱中时，他才能获得完全的性满足，而在自己有着良好教养的妻子面前，他是没有胆量这样做的，这就是为什么男性需要一位地位卑微的性对象，一位道德素质不那

① 同时我也承认，女人的性冷淡是一个可以从多种角度进行研究的复杂问题。这个问题在“处女的禁忌”中有更深入的讨论。

么高，对他的其他社会关系又不甚了解的性对象，因为这样就不会在人前对他说三道四了。男性想要在这样的女性身上释放自己的性能力，尽管他们心有所属的是另一位更有教养的女子。更为常见的情况有可能是这样的：社会上位高权重的男性通常会选择一位下层女士作为自己的情妇或娶其为妻，这是因为他们需要的就是一位地位低下的性对象，从心理上讲，只有通过这样的性对象他们才能获得彻底的性满足。

我敢肯定，在严格意义上来说，导致心理性阳痿的两个因素，即对儿童时期乱伦性对象的固着和青少年时期在现实中遭遇的性挫折，也是现代文明人情欲生活的主要特征。虽然这种说法听起来既牵强又矛盾，然而我必须要说，要想尽情享受性爱的欢愉，就必须抑制对女性的崇拜，并克制自己产生与母亲或姐妹乱伦的想法。任何人如果就这一问题对自身进行严格的审视，都必然会发现，人们普遍还是将性行为看作是可耻的、下贱的行为，而这并不单纯是因为它玷污了我们的身体。尽管许多人不愿意承认，但有关这一想法的起因，我们只能在青少年时期找到答案。青春期的男性正值血气方刚之时，但无论从家庭以外的性对象还是从被彻底禁止的乱伦对象的身上，他们都无法获得性满足。

在我们现代的文明社会中，女性也受到了类似成长的后续效应的影响，甚至还要同时承受男性的行为压力。如果一位男性在女性面前无法施展自己的性能力，或是在恋爱之初把她捧上天，而一旦得手就开始对她进行贬损，那么无论上述哪种情况都不是女性想要的。对于女性来说，她们并没有要降格性对象的需求，这也并不奇怪，因为她们从没有出现过与男性类似的高估性对象的情况。而女性长久以来对性的压抑和她们在性幻想中的驻足徘徊，也导致了另一种严重的后果。通常上述两点会令女性无法挣脱禁欲的观念，这其实也是一种心理性性无能，即性冷淡，尽管她们的性活动是被允许的。这也是为何许多女性即使在合法婚姻当中，也要在一定时间内极力保持神秘感，还有一些女性，只有在被禁忌的偷情当中，才能体会正常的床笫之欢：她们对自己的丈夫不忠，但却能忠于自己的情人。

我们可以将女性情欲生活中的禁忌与男性要贬低性对象的需求做个类比。这两者都是因为文明的原因，在接受教育后导致本已经性成熟的人在很长时间内都无法将性行为付诸实践，因而造成了上述情况，两者的目的都是消除因真情与肉欲无法结合而造成的心理性阳痿。由于性别差异，同样的原因可以对男女两性造成不同的影响，下面我们就来看一看存在于两性之间的行为差异。有教养的女性在等待期内通常不会越雷池半步，严格恪守禁欲信条；而男性若能与被贬低的性对象发生性行为，他们就会立即打破禁忌以获得性满足，甚至在今后的情欲生活中他们也是如此。

目前，人类文明社会已经为性改革付出了巨大的努力，在此我们有必要提醒大家，精神分析研究与其他研究一样，并不带有任何偏见，它的目的就是要通过事物的表象来推测隐藏在其背后的规律，如果改革能够利用更先进的发现来取代对人类有害的做法，那当然是再好不过的了。但改革是否会有成效，是否会矫枉过正，甚至付出更大的代价，我们就无法预测了。

三

文明社会对情欲生活的束缚导致了贬低性对象的普遍趋势，这也许会令我们把注意力从性对象转移到性本能本身。早期遭遇的性挫折会给人留下心理阴影，令那些在婚后本可以自由享受性爱的人却还是无法获得彻底的性满足。但如果从最开始就倡导性解放，结果也不见得会更好。很显然，如果性满足唾手可得，性欲需求的精神价值就会降低，为了刺激力比多，适当地设置些障碍还是有必要的。如果自然条件不足以对性生活构成障碍，从古至今的人们为了能够尽情享受性爱，就会另外构建一些约定俗成的障碍。无论是个体还是种族都是如此。在人们可以轻而易举地获得性满足的时代，例如在古文明的衰落期，爱情变得一文不值，生活也变得极其空虚，此时就不得不需要一股反向作用，以此来重塑爱情不可或缺的精神地位。就此而言，基督教所倡导的禁欲的确提升了爱情的精神价值，这是古代的异教徒所无法比拟的。对于那些终生与力比多的诱惑相抗争的僧侣来说，其禁欲的意义体现出了最高的价值。

毫无疑问，我们对这个问题的第一反应是，此处我们揭露的困难反映了人类机体的普遍特征，同样，我们也可以确定，挫折通常会提升性本能的精神价值。假设我们让一群完全不同的人处于相同的饥饿条件下，随着他们进食需求的增强，所有的个体差异都会消失，取而代之的是全体一致的进食本能需求。但是不是一旦本能需求被满足，它的精神价值就会急剧下降呢？例如，我们来试想一下酗酒者与美酒之间的关系，美酒总是能给酗酒者带来吸毒般的满足，那在科学上是不是也能接受这样的比喻呢？大家可曾听说过，哪个酗酒者因为厌倦了总是喝同一种酒的味道，而不断更换酒的种类呢？事实恰恰相反，饮酒的习惯会令酗酒者越来越离不开他常饮的那种美酒。大家可曾听说过，酗酒者要到一个酒价昂贵或是禁酒的国家去，以此为手段给自己设置障碍，为的是重获日渐衰退的满足感？显然这是绝对不可能的。如果你曾经听说过著名酗酒者，如柏克林（Bocklin）发表的有关酗酒者与美酒之间关系的言论，你就会知道，其关系是如此的和谐美满，简直可算作幸福婚姻的典范。但是为什么爱人与他的性对象之间的关系却如此不同呢？

尽管听起来令人匪夷所思，但我认为，我们应该考虑到这样一种可能性，即就性本能的本质而言，它很可能并不利于性满足的彻底实现。再想一想性本能漫长且曲折的发展史，有两个造成其困难重重的关键因素会立即映入脑海。首先，由于对象选择的双向结果及乱伦禁忌的介入，最终所选择的性对象绝不可能是原来的对象，而只能是原始对象的替代品，精神分析研究显示，当要追求原始对象的冲动被压抑了以后，便会出现一系列源源不断的替代品来取代他的位置，只是他们当中的任何一个都无法令人完全满意。这或许能够说明为什么成人情欲生活的一个主要特点就是频繁更换性对象，不断“寻求刺激”[①]。

其次，我们知道，性本能本来就是由众多成分构成的，或者说是由这些成分发展而来的。但并不是所有成分都能在性本能的最终形式中得以呈现，有一部分在中途就已被压制或移作他用了。在众多成分当中，当数食粪成分最不能被我们当今的美学文化所容忍，这也许是因为人类在直立行走之后，嗅觉器官就已经远离地面了。[②] 同理，情欲生活中的大量施虐成分也无法保存下来。但所有这些发展过程都仅会影响到这个复杂结构的表层，并不能触及引发性兴奋的基础成分。排泄与性关系密切，难以分割，性器官的位置处于尿道和肛门之间，这是最关键也是最无法改变的事实。有人也许会引用拿破仑的名言：“人体结构决定命运。”当人类的身体在向更加符合人类审美的方向上进化时，性器官却没有参与其中，它们仍然保持着兽性。爱欲也是如此，它们在本质上与动物无异。性本能是很难被教化的，对性本能的教化要么是过度，要么是微不足道。文化若想达到它的目的，必须以牺牲一部分可体验到的性快感为代价，一部分性冲动由于没派上用场会一直以欲求不满的形式在性生活中留存下来。

因此，我们也许不得不向这样的观念妥协，即想要通过调整性本能的需求以适应现代文明的要求是根本不可能实现的。文明发展的最终结果必然要让人类做出一些让步，或遭受一些痛苦，

---

① ［德语中为“reizhunger”。霍克（Hoche）与布洛克（Bloch）似乎曾使用过这一术语，见弗洛伊德《性学三论》（1905d），标准版，第7卷，p. 151。］

② ［参考《文明及其缺憾》（1930a）第六章中两处篇幅较长的脚注。］

甚至要在遥远的未来面临灭顶之灾。当然，这种悲观的预测仅建立在某种单一的猜想之上，即文化对性本能造成的压力必然导致人类对文明进步的不满，如果性本能屈从于文化的要求就无法获得彻底的性满足，但也正是因为如此，它却成了人类最伟大的文化成就的源泉，这些成就是通过各性本能成分的不断升华实现的。如果通过对性本能进行分配便可获得令人满意的性快感，那么人们又为何要将性本能移作他用呢？如果这样，那么人类无法割舍性交带来的快感，当然也无法取得任何文明上的进步。因此，看起来似乎是人类两大本能（性本能和自我本能）间无法调和的矛盾，在不断地推动着人类获得更高的成就。当然，这样做存在的风险就是，人类当中的弱者会患上神经症。

科学的目的既不是危言耸听，也不是安抚人心。但我本人也绝不否认，我所得出的这个深远的结论，应建立在一个更广泛的基础之上。也许人类在其他方面的发展能够弥补文化发展造成的伤害，当然这也仅是我的一己之见。

第六章
处女的禁忌

在原始人的性生活当中，最令我们感到惊讶的，是他们对待处女，即从未被染指过的女性的态度。当今的男性，极其重视自己所追求的女性是否为处女，这种观念既是根深蒂固的也似乎是理所当然的。以至于如果有人问起我们原因，我们竟然不知从何说起。要求女人在与一位男士结为连理之前，不应该与其他男子发生过性行为，这其实是出于这样一种逻辑，即要保证丈夫对妻子具有排他性的所有权，这也是一夫一妻制的实质，这种所有权所管辖的范围甚至要延伸至妻子的过去。

如果从这个角度出发来分析女性的情欲生活，我们难免会有失偏颇。在环境和教育的影响下，女性要经过漫长、艰苦的自我压抑，才有机会品尝性爱的美妙，而第一位使她们获得性满足的男士便会令她们产生想要与其终生相伴的想法，其地位是其他男性所无法取代的，这种经历使女性产生一种归属感，使她们心甘情愿地委身于一位男士，并保证她们能够抵御得住外界的新事物和新诱惑。

“性从属”（sexual bondage）这一概念是由克拉夫特-埃宾在1892年首次提出来的，用以描述这样一种现象，即女性在与一位男士发生性关系后，便会对其产生很强的依赖性，丧失自我的独立性。“性从属”有时会展现出强大的威力，以至让一个人丧失全部的独立意志，并在自身利益上做出巨大牺牲。然而，克拉夫特-埃宾指出：“如果要让这种关系一直维系下去，一定程度的依赖是绝对必要的。”一定程度的“性从属”对于维系一段文明的婚姻，保护其免受多偶倾向的威胁，是绝对不可或缺的，我们的社会应该常常对此进行反思。

克拉夫特-埃宾认为，一个极度渴望爱且性格柔弱的人与一个极度以自我为中心的人结合在一起，就会形成“性从属”。然而，对具体案例的分析发现，我们无法仅仅满足于这种简单的解释。我们还发现，克服性障碍的阻力的大小，才是关键因素。此外，克服性障碍时的专注度以及这一过程是否是独一无二的，也对“性从属”的形成具有重要意义。就“性从属”的状态而言，女性要比男性发生的频率更高，程度也更强，尽管与古代男性相比，现代男性臣服于女性的情况已变得更加常见。我们所研究过的所有男性“性从属”的案例均表明，它的形成是由于男性想要通过某位特定的女士来克服自己的心理性阳痿，从此便臣服在了这位女士的石榴裙下。[①] 许多奇怪的夫妻关系和大量的爱情悲剧——有些甚至在社会上引起了广泛关注——似乎都是这个原因导致的。

现在我们再回到原始人对待处女的态度问题上，如果说他们

---

① 这一点曾被《有终结的分析和无终结的分析》（1937c）一文结尾处的脚注专门提及过。

并不重视童贞，并将女孩在首次婚内性行为之前就已失去了童贞当作证据，这其实并不合理。相反，对于原始人来说，婚前失身同样是一种具有重要意义的行为，不过这已经成为一种禁忌，是一种宗教意义上的限制。习俗要求女孩不能将童贞献给新郎或者是未来的伴侣，丈夫甚至要刻意避免破处的行为。①

我的本意并不是要搜集大量文献以证明历史上确实存在过这样的清规戒律，也不想查明这一现象在地理上的分布及其各种表现形式，此处我只想陈述这一事实：即便在今天的某些原始族群当中，在婚前弄破处女膜的行为也是十分普遍的。正如克劳雷所说："这种指定由丈夫以外的其他人员刺破新娘处女膜的婚礼仪式，在文明程度较低的地区极其常见，尤其是在澳大利亚。"(Crawley，1902，p. 347)

然而，如果破处不是在婚内的第一次性交进行的，那一定是在此之前就被某人通过某种手段完成了。此处，我还将引用克劳雷书中的一些章节，为此提供更多的信息，同时也为一些批判性观点提供依据。

在第 191 页，他写道："在澳大利亚的笛里（Dieri）及其邻近部落中，当女孩到了青春期后就会被刺破处女膜是一个普遍的习俗（《皇家人类学研究所杂志》，第 24 卷，第 169 期），在波特兰和格莱内尔格部落当中，这一破处行为通常由一位年长的女性来操

① 见克劳雷（Crawley，1902）、普洛斯与巴特尔斯（Ploss & Bartels，1891）、弗雷泽（Frazer，1911）及霭理士（1913）的作品。

刀，有时，也会请白人男性来完成这一使命［史密斯（Brough Smith），1878，第2卷，p. 319］。”

在第307页他写道：“女性的处女膜有时在幼儿时期就已经被人为破坏了，但通常还是会发生在青春期，如在澳大利亚，这一过程往往是通过一场性仪式完成的。”

在第348页［摘自斯潘塞和吉林（Spencer&Gillen，1899）的报道。在某些澳大利亚部落中，实行着严格的限制族外通婚的禁令，这一点广为人知］，他写道：“处女膜先被人为刺破，然后协助完成这一任务的男性要按顺序（看起来像仪式一样）依次与女孩性交，这一行为分成两个部分：刺破处女膜和性交。”

在第349页，他又写道：“在马萨（Masai，非洲赤道地区某处）地区，实施刺破处女膜这一手术是结婚前要完成的一项重要任务。［见汤姆森（Thomson），1887，第2卷，p. 258］在萨克斯（马来）、贝勒斯（苏门答腊）及西里伯斯岛的阿福尔斯部落，这项手术是由新娘的父亲操刀的［见普洛斯和巴特尔斯（Ploss & Bartels），1891，第2卷，p. 490］。在菲律宾，女孩的处女膜如果没有在幼年时被年长的女性弄破，那么长大后就会由某些专门负责这项任务的男性来完成［见费瑟曼（Featherman），1885－1891，第2卷，p. 474］。在一些爱斯基摩人部落，为新娘破处的通常是巫医或神父（见克劳雷，第3卷，p. 400）。”

我的评论主要分为两点：第一，令人遗憾的是，这些报道没有对“无性交而单纯的破处”与“通过性交来破处”进行细致的区分，只有一个章节提到了这个过程由两种行为构成，破处（用手或其他工具完成）及之后的性交。普劳斯及巴勒斯（1891）提供的材料尽管丰富，但对我们几乎毫无用处，因为他们对破处的过程仅从解剖学角度进行了描述，并没有提及它的心理学意义。第二，如果这些材料能够告诉我“仪式性的（纯正式的）”性交与常规性交有何不同，那将再好不过了。在我所参考的文献中，其作者要么是对这一话题躲躲闪闪，要么是再次低估了这些具体的性行为的心理学意义。我们希望旅行家及传教士能给我们提供更加完整和具体的第一手资料，但由于这些材料大部分来自海外，目前还无法考证，因此我还不敢妄下断言。[①] 此外，如果我们能够接受这样一个事实，即仪式性性交仅仅是常规性交的替代品，也可能完全取代本该在之前就已经彻底完成的常规性交，那么第二点中的疑问就有了答案。[②]

导致处女的禁忌的原因多种多样。下面我将对其做一简要介绍。当处女被破处时，按常规通常会流血。因此，这第一种解释就是出于某些原始族群对血液的畏惧，他们认为血液是生命之源。我们可以在大量行为中发现对血液的禁忌，但它们都与性无关，很显然它们与避免杀戮有着紧密联系。原始人曾嗜血如命，并以杀人为乐，对血的禁忌便成为可以抵制这种欲望的一种防护措施。

① 这创作于第一次世界大战期间。

② 毫无疑问，在许多婚礼当中，都会允许除丈夫以外的他人，如丈夫的助手或同伴（传统的男傧相），与新娘发生性行为。

按照这种观点来看，处女禁忌与普遍存在的月经禁忌有关。原始人总是将每个月一次的神秘流血现象与施虐的观念联系起来。月经，尤其是初潮，被认为是遭到了某些精灵鬼怪撕咬的结果，这也许是与精灵鬼怪性交的标志。偶尔也会有报道指出，这个精灵鬼怪就是人类的某个祖先，这一点又得到了其他证据的支持。[①] 于是我们认为月经期女孩之所以被禁忌，是因为此时她是属于某位祖先的灵魂的。

然而，还有另外一些观念也提醒我们，不要过于高估对血液的畏惧这一因素的影响，毕竟在上述族群中，它还不足以震慑下面的这些行为，如对女孩实施割礼，甚至残忍地切除女孩的阴蒂和阴唇。同样，还有一些其他涉及流血的仪式也没有被废除。因此，如果女性在第一次性交时，为了满足丈夫而打破了对月经的禁忌，这也就不难理解了。

第二种解释也与性交无关，但要比第一种适用范围更广。这种观点认为，原始人始终受到一种潜在恐惧的折磨，正如精神分析理论所研究的那些焦虑性神经症患者一般，这种恐惧在所有不同寻常的场合中都会出现，例如当一些新奇的、出乎意料的、莫名其妙的或是令人感到无能为力的事情发生时。这种恐惧也是导致各种仪式出现的原因，这些仪式后来被各种宗教广泛采用。每当人们想尝试新鲜事物，人生进入一个新的阶段，人和动物新添了子嗣，或是农作物丰收时，都免不了要举行不同形式的祭拜仪

① 《图腾与禁忌》，1912—1913，标准版，第 13 卷，pp. 141 - 144。

式。对于这些忧心忡忡的人来说，他们往往是在事件的开端感受到最强烈的恐惧，这种恐惧感胜于其他任何时候，因此他们通常会在此时寻求自我保护。

结婚后的首次性交其意义不言而喻，必须要小心应对。对血液的恐惧与对第一次的敬畏这种解释并不矛盾。相反，二者还会为彼此助力。显然，第一次性交举足轻重，如果再发生流血，岂不更令人手足无措了?

第三种解释认为，对处女的禁忌只是对全部性生活禁忌的一部分，这也是克劳雷所倾向的观点。不仅是女性的初次性交要被禁忌，而是所有的性交都应该被禁忌，甚至有人还会说，女人就应该是禁忌。女人不光是在某些特殊情况下，诸如经期、孕期、生产、坐月子的时候要禁止性生活，即使排除这些特殊条件，与女性的性交也要受到多种严格的限制，因此我们不得不怀疑野蛮人有性自由这种说法的真实性。当然，在某些特定条件下，原始人的性生活会跨越一切障碍，但在大多数情况下，他们的性行为与文明程度更高的我们相比，所受的限制更为严格。当男性想要干点儿什么，例如远行、狩猎或是出征之前，他们就要与妻子保持距离，尤其要避免与妻子发生性行为，否则，妻子就会损耗他们的精力，并给他们带来厄运。在日常生活中，也有人主张两性隔离，女人与女人住在一起，男人与男人住在一起。我们所谓的家庭生活在许多原始部落中几乎是不存在的。这种两性隔离有时会很极端地表现为男女两性都不允许大声呼喊异性的名字，于是女性就发展出了一门包含特殊词汇的新语言。当然，性需求会时不时冲破这种隔离的限制，但在某些部落当中，即使是夫妻也只能在室外偷偷相会。

原始人所设立的所有禁忌都表明此处存在着令他们恐惧的危险，而在所有他们要回避的事物当中，都普遍包含着男性对女性的恐惧。也许这种恐惧是因为男女两性之间的差异造成的。女性总是像谜一样让人琢磨不透，行为怪异，因此让人觉得她们总是充满了敌意。男人害怕自己因女人而变得软弱，因染上女人的习气而变得无能。性交会令男性释放紧张，令他变得虚弱无力，也许正因为如此，男性才会对女性充满了恐惧；而女性则可以通过性交对男性施加影响，这种想法又进一步加剧了男性的恐惧。所有这一切并没有被废除，而是仍旧存在于我们的生活当中。

许多人在对现存的原始族群进行观察后提出，他们的爱欲冲动相对来说比较微弱，远达不到文明人渴望情欲的强烈程度，另有一些观察者则持相反观点。但无论如何，我们所描述的禁忌经证明是确实存在的，即确实存在一种与爱相反的力量将女人当做怪异而可怕的物种，而将其拒之千里。

克劳雷宣称个体间的分离源于“个人隔离禁忌”，尽管他的用词与当今的精神分析术语略有不同，但正是人与人之间的微小差异导致了本是同一物种的人类之间产生了陌生感与敌意。我们继续追踪这个观点，就会发现它实际上来自人类对微小差别的自恋

(narcissism of minor differences)。[①] 当人们发现别人与自己存在某些不同的地方，便会产生敌意，这种敌意将使人与人之间的团结互助、相亲相爱荡然无存。精神分析研究认为自己已经基本查明了为何男性会自视甚高，却拒女性于千里之外。究其原因，是他们的阉割情结左右了他们对女性的看法。

然而，我们发现，这两种解释也未能解决我们所面临的问题。对女性的普遍禁忌并没有对与处女进行初次性交的规定做出说明，考虑到这一点，我们还是无法摆脱前面的两种解释，即对血液和对第一次性交的畏惧，但即使如此，也并未能触及处女禁忌的核心。很显然，隐藏在处女禁忌背后的目的，是帮助新婚丈夫摆脱第一次性交时要面临的麻烦，尽管如上文所述，女性在初夜之后会更加依附于这位男性。

在此，我们的目的并不是要讨论禁忌的起源以及它的终极意义。我在《图腾与禁忌》(1012—1913) 一书中已对这一问题进行了阐述，并指出，原始人的矛盾心理是导致禁忌形成的部分原因，这些矛盾心理可追溯至某些史前事件，正是这些事件导致了人类家庭的出现，在当今的原始部落中，这些禁忌的原始意义已消失殆尽。人类实在是健忘，即便是当今最顽固不化的人，他们的文化也与原始人大相径庭。但我们只是所处的发展阶段不同，从时间上看，他们与我们一样有着悠久的历史。

---

① [弗洛伊德在《群体心理学与自我的分析》(1921c) 的第六章及《文明及其缺憾》(1930a) 的第五章中又再次讨论过这个问题。]

目前我们发现，原始人的禁忌已经发展成了一个复杂的体系，正如今天的神经症患者在恐怖症（phobias）中所表现的那样。同时我们还发现，原始动机为了实现和谐统一已经被新的动机所取代。我们暂且将这些起源问题搁置一边，先来回顾一下前文中所讨论的原始人害怕什么危险就会对什么设置禁忌的观点。通常来说，这种危险都是心理性的，因为原始人不会像我们一样对此做出区分，他们分不清物质的危险与心理的危险、真实的危险与想象的危险。由于他们一贯秉承着万物有灵论，因此他们认为，任何危险都来自与他们一样的有灵者的敌意，来自自然的威胁在本质上与来自其他人类或动物的威胁并无区别。但另一方面，他们又习惯于将自己内心的敌意投射到外部世界，也就是说对那些不合自己心意的或陌生的对象产生敌意。因此，由于女性被看作是危险之源，那么与女性的第一次性交就更是极其危险的了。

我认为，如果我们对生活在当今文明社会下的女性行为进行更加细致的观察，我们就会寻得一些线索，诸如这种严峻的危险是什么以及它为什么会对女性未来的丈夫构成威胁。我要提前公布一下这个研究的结论：这种危险确实存在，原始人对处女的禁忌乃是为了抵御他们真切感受到的危险，尽管这种危险是心理上的。

我们认为女性在性交后，拥抱男性，并紧紧依靠在他身旁，是女性在获得性高潮后的一种正常反应。她们以此来表达自己的感激之情，以及要与其厮守终身的承诺。但我们也知道，这种行为绝不会发生在初夜，大多数女性都会对初夜感到失望，因为此时她们对性还比较冷淡，很难获得满足。女性往往要通过长时间的反复练习，才能体会到性爱的快乐。当然，各位女性的情况也各不相同，有些人的性冷淡只在初期表现，但随后很快就会消失，而有些女性的性冷淡却会伴随终生，任凭丈夫百般柔情也无法唤起她们的性欲。我认为，目前我们对女性的性冷淡仍缺乏足够的了解，除了指责丈夫的性能力不足外，我们还应综合其他因素加以考虑。

此处我并不想对女性试图逃避第一次性交的现象做更多解释。对这一现象的解读多种多样，虽然并非所有人都同意，但其中最主要的一种认为，这表现出了女性普遍存在的一种防御倾向。恰恰相反，我认为某些病理学案例已经为破解性冷淡谜团提供了线索，在初夜，甚至是每一次性交之后，女性都毫不掩饰地表达了自己对丈夫的敌意，她们会在语言上对丈夫进行侮辱，甚至还会动起手来发起攻击。我曾对一个典型案例做过全面分析，案例中的女性虽然很爱自己的丈夫，且是她主动求欢并从中获得了极大满足，但事后对丈夫仍存在敌意。我认为引发这种奇怪的矛盾的冲动正是导致性冷淡的根源，只不过它更易表现为性冷淡。同时，它还令女性的万般柔情消失殆尽。在这些病理学的案例中，我们发现引发性冷淡的障碍可以一分为二，正如我们所熟知的强迫性神经症患者的“双阶段症状”，只不过这两者常常联合起来构成对情感的抑制。女性失身所引发的危险便是对他人产生敌意，而她们未来的丈夫完全有理由避免这一危险。

通过分析，我们不费吹灰之力便可弄明白，到底是哪些冲动导致了女性的矛盾行为，我希望从中也可以找到性冷淡的原因。第一次性交激活了女性体内的大量冲动，但女性通常并不需要这些冲动。因此，在之后的性交过程中它们不会再次出现。我认为女性所受的“破处”的痛苦是其中的决定性因素，因此就止步不前不再寻找其他原因了。但我们不能把这么重要的矛盾行为仅仅归咎于失贞之痛，我们还应该考虑到失去处女之身给女性的自恋人格造成的伤害，因此，女性失贞后对性充满敌意也是一种合理的表现形式。然而原始人的婚礼习俗警告我们不要过于高估失贞。据我们所知，某些地区的婚礼仪式由两部分组成：首先弄破处女膜（用手或者其他工具），之后是正式的性交或与丈夫的替身“假交”，这说明，处女禁忌的目的不仅仅是要避免解剖学意义上的破处。除了女性的失贞之痛，丈夫还要回避一些其他东西。

事实上，初次性交为何会令女性大失所望还存在另一个原因，就是现实与理想总是存在很大差距，至少对文明女性来说是这样的。在此之前，性交总是受到各种强烈的限制，虽然后来性交合法了，终于成为被允许的行为了，但由于以前留下的烙印，她们还是会心有疑虑。这种心理阴影对女性的影响常会以一种滑稽的方式表现出来，例如有些即将步入婚姻殿堂的女性对外人甚至是自己的父母绝口不提自己的爱情生活，像保守秘密一样守口如瓶，而事实上完全没有这个必要，因为没有人会对此提出反对意见。女性们常说，如果她们的爱情被他人所知，那爱情就像失去了其原有意义。有时，这种感受会完全主宰她们的思想甚至阻碍婚姻中爱欲能力的发展。这种女性的柔情只有在非法的秘密关系中才能复苏，因为她们很确定此时她们的意愿不会受到左右。

然而，这种动机还不够强烈，此外，这种情形只是出现在文明社会中，因而无法据此对原始社会中的情感生活做出令人满意的解释。因此，另一个更为重要的因素就建立在力比多的发展史之上。通过精神分析，我们了解到力比多普遍且强烈地附着在最初的性对象身上。因此我们应该考虑到幼儿时期的性愿望（女性的力比多通常固着于自己的父亲或取代父亲地位的兄弟）。她们的愿望并不是真的要与最初的性对象性交，即便有也是极其模糊的一个想法。丈夫只能说是一个替代品，绝不是她们心目中的最佳人选，而唤醒女性心中最初爱欲的则另有其人，最典型的就是她们的父亲，丈夫顶多只能排在第二位。这还要取决于力比多对最初的性对象固着的强度，如果极其强烈且始终挥之不去，那么无论是怎样的替代者她们都不会满意，也无法接受他们成为自己的丈夫。因此，性冷淡也是导致患神经症的原因之一。一个女人在性生活中的心理因素越强，她的力比多对第一次性行为就越抗拒，她的身体也就越难被丈夫占有，之后性冷淡就有可能成为一种固定的神经性障碍，为其他神经症的形成提供基础，甚至男性轻度的性能力下降也会令情况恶化。

原始人的习俗似乎也考虑到了早期性愿望的动机，于是让年长者、神父或者圣贤之人作为父亲的替代者来履行“破处”的职责。在我看来，中世纪庄园主饱受争议的“初夜权”就直接沿袭自这一风俗。斯托福（A. J. Storfer，1911）也提出了类似观点，而在此之前，荣格（Jung，1909）早已对普遍流行的“多比亚司之夜”的传统（新婚的前三夜要节欲的习俗）做了解读，即承认祖先对新娘的初夜享有特权。只要父亲的替代者们具有神的意象（images of gods），就可以被委以重任。在印度的某些地区，新娘的处女膜是被木制的男性生殖器像戳破的。而根据圣奥古斯丁（S. Augustine）的说法，在罗马的婚礼仪式上也存在这个风俗（是否与他同时代不详），只不过做了些改变，新娘只被要求坐在普里阿普斯（Priapus）的阳具状的巨大石器上即可。

还有另一种更深层次的动机导致女性对男性做出这种矛盾行为，而在我看来，这也是导致女性性冷淡的原因。除了以上所描述的女性体内一直存在的冲动之外，第一次性交还激活了女性的其他冲动，而这些冲动与女性的角色和功能完全背道而驰。

通过对许多女性神经症患者的分析，我们发现，她们在儿时都曾嫉妒过兄弟的男性生殖器，因为自己不具有这样的生殖器而感到自卑和屈辱（实际是因为尺寸太小，并不是没有）。我们将这种“阴茎妒忌”（envy for the penis）看作是“阉割情结”的一部分，如果我们认为“男性特征”蕴含着希望成为男性之意，那么这种行为则可被称为“男性抗议”了，这一说法由阿德勒（Adler，1910）[①] 提出，目的是要阐明这一因素是所有神经症的致病原因。

① ［见弗洛伊德《精神分析运动史》（1914d）第五部分。］

在这一时期，小女孩通常对自己的妒忌之情毫不掩饰，甚至对自己喜欢的兄弟表现出敌意。她们还试图模仿兄弟的样子站立小便，以示男女两性上的平等。在上文中曾提到，女性在性交后会对丈夫产生难以克制的攻击性，尽管她们很爱自己的丈夫，结果也还是如此，因此“阴茎妒忌”早在对象选择之前就已经出现了。只是后来，小女孩的力比多固着在了父亲身上，她们不再想要拥有阴茎，而是想要一个孩子。

在另外一些案例中，这些冲动出现的顺序会反其道而行，“阉割情结”在成功地选择了性对象之后才会起效，对于这一点我并不感到惊讶。但女孩妒忌男孩阴茎的雄性期出现得要更早一些，与对象选择期相比它与原始自恋期离得更近。

前段时间，我恰好得到一个机会可以对一位新婚女性的梦境进行分析，这个梦反映了她对失身一事的态度，同时也暴露了女性自身的真实想法，即将她的年轻丈夫阉割，并把阴茎留在自己体内。当然这位女士的想法也可能很无辜，只不过是童年欲望的延续和重复。但梦境当中的细节并不符合这个意义，而这位女士的性格和接下来的行为也证明了之前我们产生的那种可怕的想法。隐藏在阴茎妒忌背后的，是女性对男性充满敌意的憎恨，这种敌意始终存在于两性关系之中，在女性的奋斗以及表现女权主义的文学作品中都有清晰的表达。费伦茨从古生物学的视角对女性的敌意追根溯源，认为这应开始于男女两性的分化，不知道他是否是有史以来从这个角度进行研究的第一人。首先，他认为，性交先是发生在两个相似的个体之间，但随后，其中一方就会变得更加强势，并迫使较为弱势的一方忍受性交过程。即使是当今的女性，在她们的天性中仍保存着被迫屈服的痛苦感受。只要我们对此不要夸大其词，理性看待，这样的假设并没有什么不好。

女性在失贞后出现矛盾行为的动机，总会在性冷淡中留下蛛丝马迹，通过对这些动机的分析我们发现：女性会将她“不成熟的性心理”发泄在与其发生第一次性行为的男性身上。果真如此的话，处女禁忌的出现就是完全合理的，同时我们也理解了这个禁令就是为了帮助今后要与这位女性共度一生的丈夫避免这一危险。在高度发达的文明社会，由于女性已不再像过去那样依附于男性，她们要面对更多的刺激和诱惑，因而这种危险的杀伤力也有所下降，处女之身只被看作是丈夫们不愿错过的一笔财富。然而对问题婚姻的研究让我们知道，即使文明社会中的女性，在她的内心深处，也仍然存在着因破处而要寻求复仇的动机。在第一段婚姻中性冷淡且不幸的女人的数量如此庞大，甚至令各位研究者为之震惊，而她们只要离了婚，便会与第二任丈夫恩爱有加，过上和谐美满的婚姻生活，因此可以说，女人对男人的敌意彻底发泄在了第一任丈夫身上。

然而，抛开这点不谈，处女禁忌在我们的文明社会中还仍然存在着。众所周知，作家时不时地就会以此为素材进行创作。安泽鲁波（Anzengruber）[①] 创作的一部喜剧，讲述了一位单纯的农

---

① ［维也纳喜剧家（1839—1889）。］

村少年，不愿迎娶自己的新娘，因为她是“一位会让丈夫丧命的荡妇”。鉴于这个原因，他允许新娘与其他人成婚，待她成了寡妇不再有危险时再来迎娶她。这部剧名为《处女之毒》，这让我们想起了驯蛇人，他们会让毒蛇先咬一块布，以将毒液释放干净，之后便可以恣意地把玩了。①

将处女禁忌及其动机表现得最为淋漓尽致的要数赫贝尔的悲剧《朱迪思和霍洛芬斯》中的朱迪思这个角色。朱迪思正是一位贞操受到禁忌保护的女人。她的第一任丈夫由于某种神秘莫测的焦虑在新婚之夜瘫痪了，从此便再也不敢碰她，“我的美丽有如颠茄，”她说道，“享用它必会招致疯狂和死亡。”当亚述国的将军带兵攻占她的城市时，她便设计以美色引诱将军并想取其性命，于是便给自己的情欲动机披上了一层爱国的外衣。当这位自称强壮、勇猛的大将军强暴了她之后，她的怒火促使她砍下了将军的头颅，因而成了人民的救星。据我们所知，砍头是阉割的一种替代象征。朱迪思阉割了令她失去贞操的男人，这与我在前文中提到的那个新婚女人的梦中愿望不谋而合。很显然，赫贝尔有意将《旧约》伪经中的爱国故事渲染上性的色彩，因为原文中朱迪思回去后还

① 施尼茨勒（Arthur Schnitzler），奥地利剧作家及小说家。其代表作短篇小说《莱森波男爵的命运》，故事内容尽管与这一情节不尽相同，但也值得引述。一位爱上了女演员的男子不幸在意外中撒手人寰，为了使这位女演员能够守身如玉，他在临死前诅咒占有她初夜的男子将不得好死。由于这一禁忌，女演员在很长一段时间内都不敢与他人再次坠入爱河，直到她爱上了一位男歌手。于是她在破戒前把初夜献给了苦苦追求她的莱森波，而这一诅咒居然真的应验了，当莱森波男爵得知了隐藏在事件背后的真相时，他便一命呜呼了。

说自己并没有受到玷污，并对她神秘的新婚之夜只字未提。但也许，赫贝尔以他诗人的敏感，嗅到了古人的动机，《旧约》伪经中对此的描述已经遗失，这一素材也仅仅复原了早期内容的一部分。

萨德格（Sadger，1912）在分析中一针见血地指出赫贝尔之所以选择这一素材，是因为受了恋亲情结的影响，而在两性冲突中他也时常选择站在女性一方，以其自身的洞察力来感受女性最为隐秘的心理活动。他还引用了作家自述，明确揭露了诗人改编这个故事动机不过是要为自己的潜意识打掩护，这种做法可以称得上此地无银三百两了！我并不怀疑萨德格对朱迪思为何成了一位保有童贞的寡妇所做的解释。但据《圣经》记载，朱迪思本应是一位普通的寡妇。萨德格认为这是由于在童年的幻想当中，孩子会否认父母之间存在性行为并把母亲想象成一位纯洁无瑕的处女。但我要补充的是：在诗人已经将自己的女主人公设定为贞洁的处女之后，他敏锐的想象力就会联想到她在失贞之后产生的恼怒反应。

我们可以得出这样一个结论，破处不仅在文化上使女人长久依附于一个男人，它还激起了女性对男性的原始的敌意，这种敌意反应可以转化为一种病态形式，抑制夫妻间的性生活。这也许是女性的第二次婚姻通常要比第一次婚姻幸福美满的原因。原始人因对处女禁忌的恐惧，会要求丈夫避免参与对新娘的破处行为，这虽然在我们看来有些奇怪，但一想到女性失贞后产生的敌意，这也就完全可以理解了。

精神分析师如果能遇到这样的女性，即在她们的身上同时表现出对男性的从属感与对男性的敌意，且矛盾的二者紧密联系，那一定会很有趣。这类女性与自己的丈夫本已经同床异梦，却还要生活在一起。每当她们试图要与其他男人相爱，第一任丈夫的形象就会在脑海里浮现，虽然她们对其已经毫无感情，但这还是会对她们的下一段感情构成阻碍。精神分析让我们知道，这类女性虽然还依附于她们的第一任丈夫，但已毫无感情可言。她们之所以不离开自己的丈夫，是因为她们还没有完成自己的复仇大计，在一些典型案例中，她们甚至都没有意识到自己有报复的冲动。[①]

① 如需本书参考文献，请向出版单位索取。——译者注

图书在版编目（CIP）数据

性学三论与爱情心理学/（奥）西格蒙德·弗洛伊德著；孙楠译.—北京：中国人民大学出版社，2018.9

（西方心理学大师经典译丛/主编郭本禹）

ISBN 978-7-300-26138-6

Ⅰ.①性… Ⅱ.①西…②孙… Ⅲ.①性学②恋爱心理学 Ⅳ.①C913.1

中国版本图书馆 CIP 数据核字（2018）第 190979 号

西方心理学大师经典译丛

主编　郭本禹

性学三论与爱情心理学

［奥］西格蒙德·弗洛伊德（Sigmund Freud）　著

孙　楠　译

高申春　审校

Xingxue San Lun yu Aiqing Xinlixue

出版发行	中国人民大学出版社		
社　　址	北京中关村大街 31 号	**邮政编码**	100080
电　　话	010－62511242（总编室）		010－62511770（质管部）
	010－82501766（邮购部）		010－62514148（门市部）
	010－62515195（发行公司）		010－62515275（盗版举报）
网　　址	http://www.crup.com.cn		
经　　销	新华书店		
印　　刷	天津中印联印务有限公司		
开　　本	720 mm×1000 mm　1/16	**版　　次**	2018 年 9 月第 1 版
印　　张	11 插页 1	**印　　次**	2024 年 6 月第 3 次印刷
字　　数	110 000	**定　　价**	62.00 元